撮影：大城弘明

Heibonsha Library

三つのエコロジー

Les trois écologies

平凡社ライブラリー

Heibonsha Library

三つのエコロジー

Les trois écologies

フェリックス・ガタリ著
杉村昌昭訳

平凡社

本書は一九九一年十月、大村書店から刊行された。

目次

1　三つのエコロジー

「雑草にもエコロジーがあるように、有害な思想のエコロジーというものもある」。

グレゴリー・ベイトソン『精神のエコロジーにむかって[1]』

地球という惑星は、いま、激烈な科学技術による変容を経験しているのだが、ちょうどそれに見合うかたちで恐るべきエコロジー的アンバランスの現象が生じている。このエコロジー的アンバランスは、適当な治療がほどこされないならば、ついには地上における生命の存続をおびやかすものとなるだろう。こうした激変と並行して、個人的かつ集団的な人間の生活様式もしだいに悪化の一途をたどっている。親族のつながりは最小限に切りちぢめられる傾向にあり、また家庭内の生活はマスメディアの消費のためにむしばまれている。夫婦生活や家族生活は往々にして一種の行動の画一化によって「形骸化」しているし、隣近所とのつきあいも一般にこのうえなく貧しい表現しかとりえないようになっている……これは主観性と外部——その外在性が社会的なものであれ、動物的、植物的、あるいは宇宙的なものであれ——との関係が、一種の内部破裂《インプロージョン》と小児的退行の全体的動きに巻きこまれているといとにほかならない。そうなると他性はいっさいの凹凸性を失いはじめる。たとえば観光旅行というのは、多くの場合、現地への移動はともなっても結局同じようなイメージと行動の軌跡を描くにすぎない。

政治団体や行政機関にはこの問題が全体としてどのような帰結にいたるかを把握する能力がまったくないようにみえる。政治団体や行政機関はわれわれの社会の自然環境をおびやかすもっとも顕著な危険について、最近ようやく部分的に自覚しはじめたけれども、一般に産業公害の領域に――しかもテクノクラート的な見方だけから――アプローチすることで事足れりとしているのである。しかし、私がエコゾフィー〔écologie と philosophie を組み合わせた造語。環境のエコロジー、社会のエコロジー、精神のエコロジーを美的に統合しようという発想から、晩年のガタリが展開した思想で、本書や死の直前に刊行した『カオスモーズ』のなかに、そのエッセンスがこめられている〕と呼ぶところの、三つのエコロジー的な作用領域《レジスター》――すなわち環境と社会的諸関係と人間的主観性という三つの作用領域――の倫理‐政治的な節合だけが、この問題にそれ相応の照明をあてることができるのではないかと思われる。

かくして問われているのは、科学技術の激変の加速度的進行と人口のいちじるしい増加のなかで、この惑星上においてどのように生きていくかという生き方の問題にほかならない。情報革命によって波及した機械的労働の持続的発展のため、生産諸力は人間の活動可能な時間のうち人が自由に使える時間量をますますふやしつつある。(2) しかしそれは何のためにだろうか？　失業や社会の周辺に追いやられた者の抑圧、また、孤独、無為、不安、神経症といったような現象をもたらすためにか、あるいは文化や創造や研究のため、環境を再構成したり、生活様式や感受性を豊かにするためにか？　第三世界においても、発展した世界と同様、集団的主観性の大部分は崩壊するか、もしくは、たとえば宗教的原理統合主義のおそるべき亢進にみられるように始源性《アルカイスム》のなかにちぢこまっている。

エコロジー的危機に対する真の答えは、このような事態を地球的規模でとらえ、しかも物質的・非物質的な有形無形の財の生産の目標を新しく設定しなおす正真正銘の政治的・社会的・文化的な革命がおこなわれないかぎり見出しえないであろう。したがってこの革命は大きな目に見える諸力の力関係だけにかかわるのではなく、同時に、感性、知性、欲望の分子的領域にも当然かかわりをもつものとなるだろう。社会的労働の究極目標の設定が利潤経済と権力関係によって一面的に制御されているかぎり、それは、いまや、劇的な袋小路にしか行きつかないだろう。このことは、第三世界にのしかかっている経済的援助の不条理性《アプシュルディテ》を見れば明白である。援助とは名ばかりで、実際には、第三世界のいくつかの国を絶対的かつ不可逆的な窮乏化にみちびいてもいるのである。こうした理不尽な袋小路は、また、フランスのような国においても明らかなところである。すなわちフランスにおける原子力発電所の急増は、ヨーロッパの広範な地域にチェルノブイリ型の事故が起きた場合の影響の危険性を押しつけているのである。幾千発もの核弾頭の貯蔵が、ささいな技術的故障あるいは人間的過失によって、自動的に人間の大量殺戮に結びつくという途方もない危険性については、あえて言及するまでもなく周知のところであろう。こうした事例を通じて、人間活動の価値化の支配的様式に対する同一の問い直しがみちびきだされる。すなわち(1)個々別々の価値システムというものを押しつぶして圧延してしまい、物質的な財、文化的な財、自然的な地勢といったものをある同一の価値次元におく世界市場の至上的支配性に対する問い直し。(2)社会的諸関係と国際的諸関係の総体を警察機構・軍事機構の覇権の下におく支配的様式の問い直し。国家はこの二重の締めつけのなかで、その本来の、社会的諸関係と国際的諸関係の媒介装置としての伝統的役割をしだいに縮小し、いまや往々にして世界市場と軍事－産業複合体の機構的結合に奉仕するにすぎない存在になってきている。

このような状況は、世界が資本主義諸国内部の労働者階級とブルジョアジーとの対立の非現実的な投射にほかならない東西対立の後ろ盾の下におかれていた時代が過ぎ去ろうとしている現在、ますます逆説的矛盾をはらんだものになっている。これはつまるところ、三つのエコロジーを軸とした新たな積極的戦略が、旧来の階級闘争やそれが依拠し参照してきた神話にあっさりと取って替わることになるという話だろうか？　もちろん、そのような取り替えがそんなにすんなりとおこなわれるわけはあるまい！　だがしかし、社会的、経済的、国際的な文脈の極度の複雑化に対応するこの多極的戦略の重要性が、今後、ますます高まっていくことだけは確かだといえるだろう。

十九世紀からひきつがれた階級対立は、当初、二極化された主観性の物質的な領野をつくりだすもとになった。しかし、やがて二十世紀の後半に入ると、消費社会、福祉政策、メディアの発達などを通して、堅くてまじりけのない労働者の主観性は風化していく。差別や位階制がこれほど深く人々の生にくいこんだ時期もなかったけれど、他方で、いまや主観性を産み出すさまざまな配置の総体が、ある同一の想像上の覆いをおしあてられている。広がりをもったある同一の社会的帰属感情が旧来の階級意識に浸透し緊張を解いた（私は、ここでは、たとえばイスラム世界で浮上しているような荒々しく異質な主観性の極の形成については言及しない）。一方、いわゆる社会主義諸国もまた、西欧の「一次元的」に収束する価値体系を取りこむようになった。かくして、昔からの共産主義世界の建前上の平等主義はいまではマスメディアによる集列化（同じ生活理想、同じファッション、同じタイプのロック音楽、等々といった）に席をゆずろうとしている。

南北の軸に関していうなら、状況が顕著に改善されうるとはとうてい想像しがたい。もちろん、いずれ、農業‐食糧技術の進展によって世界中の飢餓のドラマの背景にある理論的与件に改変がもたらされることは十分考えうるだろう。しかしながら、それ以前に、現状のままで、たとえば今日ほどこされているような国際援助が、やがて問題の解決にいたりつくなどと考えるのはまったくの妄想であろう。それで片のつくような問題は何ひとつないといわねばなるまい！　長期にわたってつくり上げられてきた貧困と飢餓と死の膨大な地帯は、すでに、統合された世界資本主義の奇っ怪な「刺激」システムの一部をなしているように思われる。ともあれ、香港、台湾、あるいは韓国といったような、搾取の重層化の発生源たる新興工業大国の登場は、この世界資本主義に組みこまれた膨大な貧窮地帯に依拠しているのだということは指摘しておかねばならない。

先進諸国の内部でも、一定の失業の常態化や、若者、老人、見くだされた「被差別」労働者等の周辺化の亢進などによって、こうした絶望をかてとする社会的緊張と「刺激」の同様の機能原理が息づいている。

かくして、どちらを向いても胸の痛む逆説的矛盾に行きあたるのである――一方には新たな科学技術的手段の持続的発展があり、それはこの惑星上において現在支配的になっているエコロジー的諸問題を解決し、社会的に有益な諸活動のバランスを回復する潜在的能力をもっているのだが、他方、このような手段を手中におさめて機能させようとしている社会的に組織された勢力や、主観性の構成集団がまったく無能であるということ。

しかしながら、こうした、主観性や財や環境がローラーで圧延されたような最悪の局面は、いまや衰退期に入ろうとしているのではないかとみなすこともできる。あちらこちらで特異性《サンギユラリテ》の要求が芽をふきはじめている。この点でもっとも目立った徴候は、つい最近まで周辺におしやられていた少数派民族の要求が増大し、政治的舞台の前面を占めるようになってきているといった現象に見ることができる（コルシカやバルト諸国では、エコロジー的要求と自立自治的要求とが結合していることに注目しておこう）。この少数派民族の問題の高揚は、いずれ、東西関係に深い変化をもたらし、とりわけヨーロッパ全体の政治地図をぬりかえずにはおくまい——ヨーロッパの重心は中立的な〈東〉へ向かって決定的に移行していくだろうということである。

社会思想ならびに地政学的な地図を先導してきた伝統的な二元的対立図式は、過去のものとなった。紛争そのものはなくならないけれども、それは、善悪二元論的なイデオロギーの旗の下に部隊を編制するといったやり方とは相いれない多極的なシステムの総動員として展開されるということである。たとえば、第三世界と先進世界との対立はいたるところから噴出する。すでにふれたように、新興工業大国の生産性は西側の伝統的な工業要塞の生産性を上回る勢いをもってきているが、この現象は先進諸国の内部における一種の第三世界化をともなっている。そして、この先進諸国が内部に第三世界をかかえこむという現象は、移民や人種差別といった、これと関連して生じる問題の激化とかさねあわさっている。ECの経済的統合にともなう大変動があっても、このヨーロッパ内部の第三世界化の拡大に歯止めがかかることは決してあるまい。この点は絶対に見誤ってはならない。

階級闘争における対立構造を横断的に貫通するもうひとつの対立図式は男―女の関係構造である。地球的な規模でみるなら、女性のおかれている条件は改善されたというにはほど遠いように思われる。女性労働の搾取は子供の労働の搾取と相関関係にあるが、十九世紀の最悪の時期と比べてもさしてひけをとらない！　とはいっても、しだいにひろがりをみせた主観性革命によって、この二十年ほどのあいだに女性のおかれている条件は変化しつづけてきた。女性の性的独立は避妊や堕胎の手段の自由な使用と比例するものだが、きわめて不均等にしか発展しなかった。また、宗数的原理統合主義《アンテグリスム》の高揚は女性の状態にかかわる問題を片すみに追いやりつづけている。しかし、そうであるにもかかわらず、長期持続的な変化——フェルナン・ブローデルのいう意味での——が正真正銘進行中であると考えてもさしつかえない指標が、少なからず存在してもいる（女性が国家元首に指名されたり、さまざまな代表機関における男女比の同等化要求など）。

青年は経済的諸関係の網目のなかでおしひしがれ、マスメディアによる集団的主観性の生産によって精神的に操作され、ますます不安定な立場に追いやられてはいるけれども、標準化された主観性に対しては独自の特異性のスタンスを保とうとしている。この点、ロック文化の国境横断的性格はまことに意義深い——ロックは膨大な青年大衆層に擬似的な文化的アイデンティティを付与し、彼らに最小限の実在の領土（ガタリの造語で、人々が慣れ親しみ、実在感覚を持ちうる主観性の領土）の自己形成を可能にする一種のイニシエーション儀式の役割を果たしているのである。

ともあれ、こうしたさまざまな対立構造ならびに特異化の過程の噴出、中心からのずれ、あるいはその波及効果といった文脈のなかで、新たなエコロジー的問題が浮上してきている。誤解のないように言っておきたいのだが、私はこの新たなエコロジー的問題が他のさまざまな分子的な切断の線を「統合」する必然性をになっていると主張しているわけでは全然なくて、ただ、このエコロジー的問題が他の分子的な切断線を貫通するようなテーマ設定をもとめられているように私には思われるというひとつの見方を提起しているにすぎない。

階級闘争や「社会主義の祖国」の擁護などが金科玉条のごとくとなえられた旧時代のように、ひとつのイデオロギーを一義的に機能させることがもはや問題外になる一方、逆に、新たなエコゾフィー的参照基準が多様きわまりない領域における人間の実践の再構成の諸線を指し示すことを構想しうる時代になってきているのである。日常生活においてだけでなく、都市計画や芸術創造やスポーツなどの領域における民主主義の再考案においても、問題は、悲惨や絶望の同義語にほかならないマスメディア加工の方向にではなく、個人的そして／あるいは集団的な再特異化の方向にむかう主観性の生産装置とはどのようなものでありうるかを検討することである。むろん、世界中の飢餓に抗するたたかい、森林伐採の中止、核産業の無分別な増殖の停止といったような、統一的目標の決定を全面的には排除しない展望が必要であろう。ただ、その場合、他のさらに特異性をおびた諸問題をなきがごとくにあつかう、したがってカリスマ的指導者の出現を必然化しもする還元主義的な紋切型のスローガンは、もはや無用のものでなければならないだろう。

人種差別、男根中心主義、近代的であろうとした都市計画のもたらした破綻、あるいは市場システムから解放された芸術的創造、教育と社会をむすぶ社会的調停者を生み出すことのできる教育、といったような、一見異質の諸問題をつらぬく、ある同一の倫理‐政治的領域が存在する。このような問題の定め方は、つまるところ、新しい歴史的文脈のなかにおける人間存在の生産はいかにあるべきかという観点に帰着する。

したがって社会的エコゾフィーは、夫婦や恋人のあいだ、家族のなか、あるいは都市生活や労働の場などにおける人間の存在の仕方を変革したり再創造したりする、特別の実践を発展させるところに成り立つ。むろん、人口密度がもっと稀薄なうえ、社会的諸関係も今日より簡略であった前時代の古い生存形態にもどるなどということは考えられない。しかし集団的生存様式を文字通り再構築する必要にせまられているのである。しかも、それを単に「情報伝達装置」の介入作用によってではなく、人間の主観性の本質にかかわる実在的変化によって遂行しなければならない。そしてこの領域では、単に一般的志向にとどまっているのではなくて、ミクロ社会的レヴェルにおいても、また大規模な制度的レヴェルにおいても、実効性のある野心的実践を実行にうつさねばならないのである。

他方、精神的エコゾフィーの方は、身体や幻想、過ぎゆく時間、生と死の「神秘」などに対する主体《シュジェ》の関係を再創造する方向にむかわなければならない。それはマスメディアや情報通信の画一化傾向、広告や各種の調査による世論操作などに対する解毒剤の役目をになわなければなるまい。精神的エコゾフィーの実行方法は、古ぼけた科学的学問性の理念にあいもかわらず取りつかれている「心理学《プシ》」の専門家の方法よりも、一般に芸術家のとる方法にははるかに近いものとなるだろう。

　これらの領域においては、歴史や下部構造決定論をもちだしてみても何の意味もない。突然の内部破裂も十分考慮にあたいする。そして、このようなエコゾフィー的な発想の回復（問題は中味であって、どんな名前を付与しようともかまわないけれど）がなされないかぎり、また、エコロジーの三つの基本的作用領域の再節合がおこなわれないかぎり、人種差別、宗教的ファナティズム、少数民族の自閉への逆行と反動化、子供の労働の搾取、女性の抑圧といったようなあらゆる危険や脅威の増大を、残念ながら予測せざるをえないのである。

さて、それでは、このようなエコゾフィー的展望が主観性の概念にどんな影響をおよぼすか、その帰結についてもう少しつきつめてみよう。

主体というのは自明の存在ではない。デカルトの言ったのとはちがい存在するためには考えるだけでは不十分である。というのは、他のあらゆる存在の仕方は意識の外部ですえつけられるのであり、他方、思考が思考自体を把握しようとやっきになるとき、思考は狂った独楽《こま》のように回りはじめ、存在の現実的領土のかけらすら引きよせず、そのうえ実在の領土は陸地の表面下の地質プレートのように底の方で互いに分離され流れ動いてしまうからである。しかし主体そのものについて語るよりも、むしろひとつひとつが大なり小なりそれ自身のために作動する主観化（主体化）の構成要素について語る方がおそらく有意義であろう。そうすると、必然的に個人と主観性の関係の再検討にみちびかれ、まず第一にこの二つの概念を明瞭に区別することが必要になる。主観化（主体化）のヴェクトルは必ずしも個人を経由するものではない。個人というのは、現実には、人間集団、社会‐経済的集合、情報機械などすべてを巻きこんだ過程の「端末《ターミナル》」に位置するものである。つまり、内面性は、相対的に自立的で明瞭に和合しない場合もある多様な構成要素の交差点においてつくり出されるのである。

このような議論はまだなかなか納得してもらいにくいことを私は知っている。とくに、主観性を特筆して語ること自体が疑いのまなざしで見られ、はなから拒絶されるような空気が支配的でありつづけているような状況のなかでは、なおのことである。それは、おおむね、下部構造、構造、あるいはシステムといったようなものの優位をもちだしてのたわいのない話ではあっても、とにかく主観性についての議論は評判が悪い。そして実践であれ理論においてであれ、主観性とかかわる者は、一般に、ピンセットをもって慎重きわまりないやり方でしかアプローチせず、主観性を熱力学、トポロジー、情報理論、システム理論、言語学といったようなハードサイエンスから好んで借用した擬似科学的パラダイムから決して切り離しすぎないように配慮する。あたかも科学主義者としての超自我が心的実体を物象化することを要求し、外在的座標を通してしか心的実体を把握しないように強制しているかのごとくに、すべてが進行するのである。このような条件のなかでは、人間科学や社会科学が、内在的に変容する主観化（主体化）の過程の創造的・自己定位的な次元をとらえそこなうことをおのずから余儀なくされても、別におどろくにはあたらない。ともあれ、むしろ美的‐倫理的な発想にもとづいた新しいパラダイムを練りあげるために、緊急にいっさいの科学至上主義的な参照やメタファーをやっかい払いしなければならないと私には思われる。考えてみれば、人間精神に関する最良の測量地図、あるいはこういってよければ最良の精神分析は、フロイトやユングやラカンによってではなく、むしろゲーテやプルースト、あるいはジョイス、アルトー、ベケットなどの手でなされたのではなかったろうか。また結局のところ、フロイトやユング、ラカンなどの著作の最良の遺産は、その文学的部分によって構成されているのである（たとえばフロイトの『夢判断』などはすばらしい近代小説とみなすことができるのだ！）。

美的創造と倫理的含意に立脚して精神分析を再審に付そうというわれわれの立場は、だからといって現象学的分析の「復権」を前提とするものではない。現象学的分析というのは、われわれの展望からすると、対象をある志向性をもった純粋な透明状態に狭小化してしまう体系的《システマティック》な「還元主義」をまぬがれていない。私は、いまでは、ある心的出来事の理解は、そこに事実としての、ならびに表現過程としての身体をもたらす、言表行為の動的編成《アジャンスマン》と不可分のものだとみなすにいたっている。客体の把握と主体の把握とのあいだには一種の不確実性の関係が生じるものであり、そのためそれを有機的に分節化するには、参照基準となる神話やあらゆる種類の儀礼、科学的装いの記述といった横道を介しての擬《プスド》‐物語叙述的《ナラティフ》な迂回路なしにすますことはできない。そしてこういった横道は、すべて、その「二次的」結果として、言説としての理解を可能にするような配列《ディスポジシオネル》的な自己演出をおこない、みずからの実在化をはかることを究極の目的にするところとなる。そこでは、パスカルのいう「幾何学的精神」と「繊細の精神」との区別をもちだすなどということは論外である。この二つの理解様式――一方は概念によるもの、他方は感情や知覚によるものというわけだが――は、まったく相補的なものだからである。それはともかく、この擬‐物語叙述的な迂回路の核心は、無限の多様性をともなったリズムとリフレインを通して存在の支柱の反復をくりひろげるということにほかならない。かくして言説《ディスクール》あるいはいかなる言説的な連鎖も、非言説（論証）性《ノン・ディスキュルシヴィテ》をになうところとなり、あたかもストロボ測定法の痕跡のように、内容ならびに表現形態いずれのレヴェルでも弁別的な対立のはたらきは消滅してしまう。個人的・集団的な歴史性の展開を、特異性をもつ出来事で区切るような非身体的な参照世界が発生し、再生するのは、このような条件のもとをおいてほかにない。

かつて、ギリシャ演劇や宮廷風恋愛、あるいは騎士道小説などが主観化（主体化）のモデルというかモジュール（基準指標）とされていたのと同じように、今日、フロイト主義が性や子供、神経症といったものの実在性を支えるわれわれのやり方につきまとって離れないでいる……したがって目下のところは、フロイト的事象を「超脱する」とか、それに対して決定的な一線を画すといった話ではなく、その概念や実践を新しい方向にみちびいて、それに別の用途を考えたり、主観性は個人的・集団的な過去に全面的に着床しているという考え方への前構造主義的な執着から、それを解き放つことが課題となっている。かくして今後は、「未来志向的《フユチユリスト》」かつ「建設志向的《コンストリユクテイヴイスト》」な潜在的領野の掘りおこしが要請されるであろう。無意識が原始的《アルカイツク》な固着化にひっかかったままでいるのは、それを未来の方向に差しむける拘力がいっさいはたらかない場合だけである。この実在的緊張は人間的かつ非人間的な時間性という間接的回路を通して生じる。私が非人間的な時間性の回路と呼ぶのは、動物的、植物的、宇宙的な生成、ならびに技術的・情報的革命の加速化と相関関係にある機械的な生成の広がりのことである（たとえば、コンピュータを媒介とした主観性のおどろくばかりの膨張が眼下に展開しているといったような事態を思いうかべてもらったらよい）。くわえていうなら、個人や人間集団の形成ならびに「遠隔操作」をつかさどる制度的次元と社会的階級構成を忘れてはなるまい。

要約しよう！　精神分析の幻想的・神話的な擬餌《ルアー》の仕掛けは、機能させつつ機能をとめねばならないのであり、フランス式庭園のように耕作栽培し手入れをほどこせばよいというものではないということである！　しかし残念ながら、今日の精神分析家はかつての分析家にもまして無意識的コンプレックスの「構造化」とでもいうようなものの背後に閉じこもろうとしている。そのようなものを理論化してみたところで、ひからびた思想が耐えがたいドグマティズムにいたるだけであり、またその実践は彼らの介入の貧困化をもたらし、彼らの患者のもつ特異的他者性を理解しえない型通りの診断に行きつくしかない。

倫理的パラダイムを援用するさい、私は「精神分析《プシ》」関係の実践家の責任と必然的「アンガージュマン」を強調しておきたいのだが、それにとどまらず個人的・集団的な心理的諸審級《アンスタンス》（教育、健康、文化、スポーツ、芸術、メディア、モードなどを介した）に介入しうる位置にあるすべての人々にも、同様の責任と「アンガージュマン」を訴えたいと思っている。「精神分析」の実践家によくみられるような、無意識の統御と科学的資料に依拠すると称して転移の中立性の背後に身をかくすといった態度は、倫理的に支持することができないものである。のみならず、実際問題として、「精神分析」にかかわる領域の総体は美的領域の延長上や美的領域との接触境界面《インターフェイス》にすえつけられるものなのである。

美的パラダイムに固執することで私が強調したいのは、とりわけ「精神分析」関係の実践分野においては、なにごともつねにつくりなおし、ゼロからやりなおさねばならないということである。そうしないかぎり過程の進行は死ぬほど退屈な反復のなかに凝固してしまうだろう。いかなる分析——たとえばスキゾ分析——の再開にも前提条件となるのは、個人的・集団的な主観性の動的編成というものが、一般に——また少しでも手をくわえようとするなら——、通常の均衡をはるかに超えて発展し増殖する潜在能力をもっていることをまず認めることである。したがって、その主観性の動的編成の分析地図は、本質的に、それが割りあてられている実在の領土をはみ出たものとならざるをえない。要するにこうした分析地図の作成は絵画や文学の創造と同じことで、ひとつひとつの具体的な作業行為が進化と革新と新しい展望を切りひらくという使命をもっているのである。ただしそのさい、作者は何らかのグループや流派、コンセルヴァトワールとかアカデミーなどの権威や確固たる理論的基礎といったようなものを利用することはできない……あくまでも試行錯誤《ワーク・イン・プログレス》でいかねばならないのである！　精神分析や行動主義やシステム分析主義の教理問答はここに終焉する。「精神分析」関係者はこのように芸術世界と展望を同じくするために、まず彼ら自身がその頭のなかや言葉づかい、存在の仕方そのもののなかにもっている不可視の白衣を手はじめに、身をおおうすべての白衣を脱ぎすてなければならない（画家の理想は同じ作品を際限なく繰り返すことではない——カフカの『審判』に登場するティトレリという人物は例外で、彼は同一の裁判官をつねに同じように描くのだが！）。それと同様に、看護や援助や教育にたずさわるそれぞれの制度機関、あるいは個々の個人的治療者などは、みずからの理論的足場だけでなく、その実践をも同等に進化させるように絶えず配慮しなければならないだろう。

主観化（主体化）の過程にもっともめざましい方向転換を生じさせるのではないかと期待すべきなのは、逆説的にも「ハード」サイエンスに対してかもしれない。たとえば、プリゴジンとスタンジュールが、不可逆的進化を理論化するために不可欠なものとして「物語叙述的要素《エレマン・ナラティフ》」を物理学のなかに導入する必要性を唱えているのは意味深いことではなかろうか。(3) そういうしだいで、主観的言表作用の問題は、記号、イメージ、シンタクス、人工知能などの生産機械が発展するのに比例してますます大きく取りあげられるようになるものと私は確信している……かくして、私が社会的エコロジー、精神的エコロジー、環境エコロジーという三つの相互補完的項目にしたがって整理し、エコゾフィーという美的‐倫理的な主張のもとに展開しようとしている社会的・個人的実践の再構成もまた、必然的課題として登場してくるところとなるのである。

社会体《ソシュス》や精神《プシシェ》や「自然」に対する人間の諸関係は、いま現実にますます悪化の傾向を深めているのだが、それは単に客観的な公害とか汚染のためだけではなくて、こういった問題の総体に対する諸個人や諸権力の無知無理解や宿命論的受動性にもよっている。破局的か否かにかかわりなく、ともかく否定的変化があるがままに受容されてしまっている。構造主義、ついでポストモダン主義の流行によって、われわれは、具体的な政治やミクロ政治〔ガタリが「ミクロ政治」と呼ぶのは、主に欲望の動きのこと〕のなかに受肉した人間的作用の正当な評価を排除するような世界像に慣れさせられてきた。社会的実践の衰退をイデオロギーの死や普遍的諸価値への回帰によって説明するやり方は私にはまったく不十分としか思われない。現実には、社会的・心理的な実践の不適合、ならびに現実をいくつかの領域に仕切り分けるその仕方の欺瞞性にまるで気づいていないこと、こういった事象にこそ主要な責任を帰すべきなのである。精神《プシシェ》、社会体《ソシュス》、環境《アンヴィロヌマン》に対する行動を別々に切り離すのは正しくない。この三つの領域の劣悪化を直視しないでいると――メディアがそれを支えるかたちで――、やがて世論は小児化し、民主主義は破滅的な無力化にいたりつくだろう。とくにテレビなどが分泌する鎮静的言論の中毒からぬけだすためには、これからは、われわれの提起する三つのエコロジー的観点が構成する三つの互換可能なレンズを通して世界を把握しなければならないだろう。

チェルノブイリとエイズによって人間の科学技術能力の限界が突如開示され、「自然」がわれわれに「クランクの逆回転」を運命づけているかもしれないことが垣間見えた。科学や技術をもっと人間的な目標に向けなおすには、これをさらに集団的に引き受け管理することが要請されていることは明らかである。この領域は本質的に利潤経済の原理によって支配されているのであり、したがってその進化をコントロールし危険を払いのけるためには、国家機構のテクノクラートに安閑と身をゆだねているわけにはいかない。逆もどりして、昔の生活様式の復興をくわだてようとするのは、もちろんばかげた話であろう。まだほんの数十年前のことではあれ、情報革命、ロボット革命のあとでは、また遺伝子工学の発展や市場総体の世界化のあとでは、人間労働や居住形態がかつてのような姿にもどることは決してあるまい。輸送や伝達の速度の加速化、都市部の相互依存といったポール・ヴィリリオ〔ガタリの友人でもあったフランスの現代思想家〕が研究した事象も、同様に不可逆的な事態をなすものであり、まっさきに新たな方向づけを考えねばならないものであろう。ある意味で、このような事態と「なれ親しむ」必要があることを認めなければならない。しかしそれは同時に、現在の条件下で社会運動全体の目標や方法を再構成するということでもなければならない。こうした問題設定を象徴的に浮き彫りにするために、いつかアラン・ボンバール〔フランスの著名な海洋生物学者〕がテレビ番組のなかでおこなった実験をここで喚起しておこう——彼は二つの水槽を用意し、一方にはマルセイユの港で採集したような汚染された水を満たし、そこにダンスをおどるほど元気いっぱいのタコが泳いでいる。そして他方にはまったく汚染されていない海水を満たす。さて、タコをつかまえて「正常な」水のなかにしずめると、数秒後にはその動物はちぢこまり、衰弱して、やがて死んでしまうのである。

従来にもまして自然と文化を切り離すわけにはいかなくなっているのであり、また、エコシステム、機械領域《メカノスフェール》、社会的・個人的な参照系といったものの相互作用を「横断的に」考えていく習慣をわれわれは身につけねばならないのである。突然変異的でバケモノのような藻類がヴェネツィアの海に侵入しひろがっているのと同じように、テレビ・スクリーンは「退廃した」イメージや言表の群れであふれている。さらに、社会的エコロジーの範疇に入る別種の藻類が、ドナルド・トランプ〔アメリカの不動産王、開発業者〕のような類の人物を通して野放図に増殖してもいる。トランプはニューヨークやアトランティック・シティなどの街区をわしづかみにしながら、「模様替え」を口実に家賃をあげ、同時に、幾万もの貧困家庭を圧迫して、その大半を「ホームレス」の状態におとしいれた——これは環境エコロジーにたとえてみれば死んだ魚に相当するものである。また、第三世界が粗暴な脱領土化にさらされていることにも言及しておかなくてはならない。そのことによって第三世界の人々の文化的構造、居住様態、免疫防衛機能、風土などがひどい影響をこうむっているのである。社会的エコロジーのもうひとつの惨状は子供の労働をめぐるもので、これは十九世紀以上に大きな問題となってきている！　われわれはこのように自己破壊の破局とつねに背中あわせにおかれているわけで、こうした状況をコントロールする力をいかにして回復するかが問われているのである。ものの考え方《マンタリテ》の根本的な変更をせまるこうした現象に対して、国際的な諸組織はほとんど影響力をもっていない。国際連帯というのは、かつて一時期は、何よりもまず組合や左翼政党にかかわる事柄であったのだが、いまや人道主義的団体がもっぱらこれをになっているような状況である。またマルクス主義の言語はといえば、その価値は低下してしまった（マルクス自身のテクストは別で、これはいまもきわめて大きな価値をもちつづけているのだが）。かくして、われわれがいま現在さしかかっている、かつて例のないほどの悪夢的な歴史にいかなる脱出口を見つけるか、その道筋を照らしだす理論的な参照系をつくりなおす任務は社会解放の担い手に帰せられるというしだいである。人間という種のみならず、人間連帯の言葉も文章も行為も消滅の危機にひんしている。女性解放のたたかいや、あるいは失業者や「周辺に追いやられた者」、移民労働者などからなる新しいプロレタリアの解放のたたかいをも沈黙の覆いでおし殺すために、すべてが動員され作動しつつあるのである。

三つのエコロジーを地図作成の標識にしようとするさい、それを擬似科学的パラダイムから切り離すことがきわめて重要な作業となるが、それは検討対象の内容が複雑だからというばかりでなくて、より根本的には、そこでは話し手と聴き手のあいだの通常のコミュニケーション――したがって、同時に、言説的秩序体系の理解可能性と、そこへの意味作用の場の不確定な組み入れ――を支配する論理とは異なった論理が必然的に介入することになるという事実による。自己参照的な実在的動的編成に適用され、不可逆的な時間の持続を保証するこの強度の論理は、全体化された身体からなる人間的主体に関与するだけでなく、精神分析でいうあらゆる部分対象、ウィニコットの言う移行（過渡的）対象、また制度的対象（「主体集団」）、顔貌、風景などにも関与するものである。言説的秩序体系の論理がみずからの対象をきちんと枠づけようとするものであるのに対し、強度の論理やエコロジー的なものというのは、運動や、変化の過程の強度しか重視しない。私がここでシステムや構造に対置して用いている過程《プロセシュス》というのは、みずからを形成し、みずからを定義し、そしてみずからを脱領土化していくといういとなみを同時進行的におこなっていくような存在の謂である。こうした「実在化」の過程は、全体化へむかってみずからをはめこんでいく動きと絶縁し、みずからのためだけに機能し、かつみずからの参照体系を制御して、みずからを実在的指標、自己成長的逃走線《プロセシュエル》（漏出線）として顕現させることを開始した表現的な部分集合にもっぱらかかわるものである。

エコロジー的実践は、それぞれの部分的な実在的根拠地《フワイエ》において、主観化（主体化）と特異化の潜在的ヴェクトルを見つけ出そうとつとめる。その場合、一般に、ものごとの「正常な」秩序を横切って走る何か、ある妨害的反復、強度をもった与件に注目することが必然化され、これが他の強度を呼びよせて別の実在的地形を構成していく。この異分子的ヴェクトルは意味明示や意味作用の機能を相対的に放棄する傾向があり、むしろ非身体的な実在的資材としてのはたらきをおこなう。しかしこのような意味を棚上げにする試行は、そのひとつひとつが、ある危険――主観化（主体化）の動的編成そのものを破壊するほど過激な脱領土化――を体現する（たとえば、一九八〇年代初頭のイタリアにおける社会運動の内爆《インプロージョン》）。

逆に、おだやかな脱領土化はさまざまな動的編成を建設的な過程様式にのっとって変化させることができる。ここにすべてのエコロジー的実践の核心がある。つまり、意味否定的な切断や実在的触媒が手のとどく範囲内にあっても、それに表現的支柱を与える言表作用の動的編成が欠けていると、それは受動的なままにとどまり、その一貫性を喪失する恐れがあるのである（不安、罪責感など、一般にすべての精神病理学的な反復現象の由来は、こういうメカニズムに目を向けて探求すべきものであろう）。自己成長的な動的編成の形状の場合、意味否定的な表現的切断は、非身体的な対象、抽象機械、価値世界といったものをつくりあげる創造的な反復を呼びよせ、しかもそれらはそれらを生みだす実在的な出来事に完全に従属しているにもかかわらず、必然的につねに「そこにあった」ものとして認定される。

他方、これらの実在的な触媒的断片《セグメント》は明示的意味や意味作用の担い手でありつづけることもできる。たとえば詩のテクストなどのあいまいさはここに由来する。つまり詩のテクストは本質的に表現や内容の過剰性にもとづいて機能しながらも、同時にメッセージを伝達したり指向対象を明示したりもしうるのである。プルーストは主観化（主体化）の触媒場《フワィエ》としてのこうした実在的リフレインの機能をあますところなく分析した（ヴァントゥーユの「小楽節」〔ヴァントゥーユはプルーストの『失われた時を求めて』に登場する老ピアノ教師。第二部「スワンの恋」で、スワンがヴァントゥーユの弾くソナタに魅せられるシーンがあり、そのシーンにガタリは独自の解釈をほどこして、あちこちで言及している〕とか、マルタンヴィルの鐘楼とか、マドレーヌの味わいなど、『失われた時を求めて』の多くの断章にそれが示されている）。さて、ここで強調しておかねばならないのは、このような実在的リフレインの標定の作業は単に文学や芸術だけにかかわるものではないということである。日常生活のなかでも、社会生活のいろいろな段階において――より一般的にいえば実在の領土の形成が問題になるたびに、このような生態《エコ》-論理《ロジック》が作動しているのを認めることができる。つけくわえるなら、こうした領土は想像しうるかぎりの脱領土化が可能である（それは至高のエルサレム、善悪の相対性論、また倫理-政治的アンガージュマンなど、何にでも化身することができる）。このような多様な実在的描線のあいだに存在する唯一の共通点は、特異的実存者の生産を支え、集列化された全体秩序を再特異化するという機能である。

　およそありとあらゆる場所で、またいかなる時代においても、芸術と宗教が、「実在化をうながす」ような意味の切断をひきうけるところに成り立つ実在的地図の根城《ルフュージュ》であった。しかし現代にいたり、有形無形の物質財・非物質財の生産が個人的・集団的な実在の領土の一貫性をそこなうかたちで激化するのにともなって、主観性のなかに巨大な空洞が生じ、ますます不条理な、どうしようもない事態におちいろうとしている。科学技術資源の増大と社会的・文化的進歩の展開とのあいだの因果関係がはっきりしないばかりでなく、社会制御の伝統的な作用装置《オペラトウール》の機能が不可逆的に悪化していることは明白のように思われる。このような現象を前にして、過去への回帰——われわれの祖先の存在の仕方の再構成——に賭けることはいかにも不自然に映じるのだが、しかし、これこそ、もっとも「近代主義的」な資本主義構成体がそれなりのやり方でおこなおうとしている当のことにほかならない。たとえば、ある種の序列構造のなかには、その効能機能の多くを失って（とくに、コンピュータをつかった新たな情報伝達手段や合議方法の登場によって）、支配階層ばかりでなく下位階級にとっても非現実的な過備給《シュルアンヴェスティスマン》〔心的エネルギーの過剰投入〕の対象にすぎないものと化してしまったものが少なからずあって、そのなかには、ときに、日本におけるように宗教的信仰とほとんどかかわりのないものも見うけられる。移民者や女性、若者、さらには老人に対しても隔離差別的な態度の強化が見られるが、これも同じような思考レヴェルのなかで生じている事態である。主観的保守主義とでも名づけうるこのような現象の再浮上は、単に社会的抑圧の強化のせいだけに原因を帰すべきものではない。それは同時に、社会的作用因子《アクトウール》の総体を巻きこんだ一種の実在的けいれん状態に由来してもいるのである。ポスト産業資本主義——私としては統合された世界資本主義という形容の方を好むのだが——は、その財とサーヴィスの生産構造を取りしきる権力中枢部《フワイエ》の位置を、しだいに、記号や統語法《シンタクス》や主観性の生産構造の方向へずらそうとしている――わけても、メディアや広告や世論調査などを支配統制するという回路を通して、それを実行しつつあるのである。

ここにはある変化が生じているのであり、それは資本主義の旧形態というのはいかなるものであったかということについて、われわれにあらためて考察をせまる。そのさい、まず、資本主義の先行形態のなかにも似たような傾向性――すなわち主観的能力を資本制エリートのあいだでもプロレタリアのなかにおいてもひとしなみに資本化しようという動き――がなくはなかったということに注目しておかねばならない。しかしながらこの傾向性はまだその本当の力を十全に発揮するにはいたっておらず、したがってそれは、当時、労働運動の理論家によってそれ相応の適切な評価を与えられずじまいだったのである。

私は、統合された世界資本主義が依拠している道具を次の四つの主要な記号体制にまとめあげてみたい。

(1) 経済的記号（通貨、金融、会計、それに決定などにかかわる道具）
(2) 法的記号（所有、法律、それにさまざまな規制といった名目）
(3) 科学技術的記号（プラン、ダイアグラム、予定表、研究、調査など）

(4)　主観化（主体化）の記号——これに属するいくつかの項目はすでに列挙したものとかさなるが、他にもたくさん、たとえば建築とか都市計画、集団的装備といったものにかかわる記号群をつけくわえておかねばならない。

これらの四つの記号体制間に因果律的な序列構造をうちたてようとしたモデルは、しだいに現実との接触面をいっさい喪失しつつある。たとえば、経済的記号や物質財の生産に協力する記号が、マルクス主義のいうように法的・イデオロギー的記号に対して下部構造の位置を占めるというような考え方を支持することは、ますますむずかしくなっている。統合された世界資本主義の対象は、いまや、生産的‐経済的‐主観的というひとつながりの形状をなしているのである。旧来のスコラ学的なカテゴリーにたちもどっていうなら、それは質料因、形相因、目的因、作用因という四つの原因から生じるものだ、ということであろう。

社会的エコロジーと精神的エコロジーがたちむかわねばならない重要な分析的問題のひとつは、抑圧的権力を被抑圧者の側に取り込むという課題である。その場合、大きな困難はどこにあるかといえば、本来労働者や被抑圧者の利益の擁護のためにたたかうべき組合や党が、彼ら自身の組織内部に抑圧権力と同じような病因的モデルを再生産し、彼らの内部でみずからの表現の自由や革新の自由を束縛しているという事実にある。労働運動は、多分、さらに相当の時間がたたないかぎり、流通、分配、伝達、環境づくり等々の活動が、剰余価値の創出という観点から見て、物質財の生産に直接くみこまれた労働と完全に同じ次元に位置する経済的＝エコロジー的なヴェクトルをなすものであるという認識をもつにはいたらないであろう。この点、労働者主義《ウヴリエリスム》と協調組合主義《コルポラティスム》を強化するなどというドグマ的な無知無理解を多数の理論家が支持したが、これらの主義こそ、この数十年、反資本主義的な解放運動を深く変質させ停滞させた張本人にほかならないのである。

解放闘争の合目的性の再構成とか再確定が、できるだけ早く、私がここで喚起している三つのタイプの生態《エコ》－論理《ロジック》の実践と相関的な関係をもつようになることを期待しよう。そして、資本と人間活動との関係の新たな「持ち札」がくばられようとしている現状のなかで、エコロジー、フェミニズム、反人種差別といった課題の自覚が、主観性の生産――すなわち、いまや新たな生産的動的編成の根元に位置する非身体的価値システムとしての知識や文化や感受性や社交性の生産――をすみやかにその標的の中心にすえるようになることを待望しよう。

社会的エコロジーは社会体《ソシュス》のあらゆる次元における人間諸関係の再構築のためにはたらきかけねばならないだろう。社会的エコロジーは、資本主義権力が地域性をなくして脱領土化し、外にむかっては地球上の社会的・経済的・文化的生活の総体に覇権を拡大し、また「内に」むかってはもっとも無意識的な主観性の地層の内部にまで浸透していっていることを、決して忘れてはなるまい。その場合、資本主義権力に対して、単に外側から——組合活動や政治活動の伝統的な実践によって——対抗しようとすることはもう不可能である。資本主義権力の生み出す諸効果に対しては、精神的エコロジーの領域において、個人的・家庭的・夫婦的な日常生活、あるいは隣近所との関係とか、個人的な創造や倫理にかかわる日常的実践の内部で立ちむかっていくことが、同時に要請されてきているのである。愚かな小児的コンセンサスを追求するのではなく、これから大切なことは、相違を掘り起こし実在の特異的生産をはぐくむことであろう。

あらゆる性質、あらゆる規模の作用因子によってつくり出される資本主義的主観性は、世論の機能を狂わせ混乱させうるいっさいの出来事の侵入から既存の生活を防護するような仕方で加工生産される。資本主義的主観性にしたがうと、いっさいの特異性は回避されるか、あるいはそのためにしつらえられた基準的な装備や枠組の支配下におかれなくてはならない。かくして資本主義的主観性は子供や愛情や芸術の世界とならんで、不安、狂気、苦痛、死、宇宙のなかの彷徨感覚といったような次元に属するものまで、いっさいのものを管理しようとする。統合された世界資本主義が、人種や民族、職業的身体、スポーツ競技、威圧的男らしさ、マスメディアのスターなどと結びついた膨大な主観性の集合体を構成する出発点となるのは、もっとも個人的な――あるいは下部《アンフラ》-個人的《ペルソネル》なといってもよいような――実在的与件なのである。資本主義的主観性は、実在のリフレインの極大値を左右する力を確保して、実在のリフレインをコントロールしたり弱めたりしながら、それ自体、擬似永遠性の集合的感情のなかで自己陶酔し、自己麻酔におちいる。

新しいエコロジー的実践は、こうした錯綜した混成的な前線にこそ節合されねばならない。というのも、新しいエコロジー的実践の目標は、孤立させられ、抑圧されて、空回りをしつづけている特異性を自己成長的《プロセシュエルマン》に活性化するところにあるからである（例：フレネ学校〔フランスの教育改革家セレスタン・フレネ（一八八六―一九六六）の自由授業を示唆。ガタリの中学校時代の恩師フェルナン・ウリはフレネ方式の継承者であった〕の方式が適用された学級。フレネ方式とは全体的機能を特異化するところに成り立つものである――共同システム、評価の集い、新聞の発行、個人的にあるいはグループ別に生徒が自分たちの作業を組織する自由など）。

このような展望からすると、規範をはずれた出来事や兆候などは潜在的な主観化（主体化）がすすんでいる指標とみなさなくてはならない。したがって、新たなミクロ政治的・ミクロ社会的な実践、新しい連帯、新しい優しさが組織され、それが無意識の形成にかかわる新しい分析的実践や新しい美的実践と結合することがもっとも重要なことだと私には思われる。社会的・政治的実践がみずからの足の上にまっすぐ立つ——つまり、資本主義的記号世界の単なる永続的な均衡のためではなくて、人類全体のために作用する——ためには、これが唯一の可能な道だと私には思われる。大規模な闘争は必ずしもエコロジー的実践や欲望のミクロ政治的実践と手をたずさえてすすむものではない、と反論するむきもあるかもしれない。しかしここに問題の核心がある——すなわち、さまざまに異なった実践のレヴェルがあり、それらは何も均質化したり、ある超越的な後ろ盾の下に無理につなぎ合わせたりするにはおよばないのであって、むしろ、異種混成的な過程に入るべきなのである。フェミニストは決して女性への生成《ドゥヴニール》の過程にある人々の動きと同一歩調はとれないだろうし、また、移民者に対して、彼らの存在や民族的帰属性と符合する文化的特徴を断念するように要求する理由はみじんもない。別種の市民権協定の方式を発案すると同時に、それぞれの文化的個性が発揮されるようにしたらいいのである。特異性、例外性、稀少性というものを、国家秩序的発想をできるだけ排しながら総体的に把握し、位置づけることが要請されているのである。生態《エコ》-論理《ロジック》はヘーゲル的あるいはマルクス主義的な弁証法とちがって、反対物を「解消」

しようとするものではない。とくに社会的エコロジーの領域では、誰しもが共通の目的を定め、「無邪気な兵隊として」――つまり模範的活動家として――行動するようになる闘争の時代がある一方、それと同時に、個人的・集団的主観性が「引っこみ」、集団的合目的性に対してもはや何の気づかいをすることもなく、あるがままの創造的表現が最優先される再特異化の時代というものもある。強調しておきたいのは、この新しいエコゾフィー的論理が芸術家の論理と類似しているということである。すなわち芸術家というのは、突然当初の企図を変えるような何か事故的に生じたディテールとか、偶発的出来事を起点にして、作品に手直しをくわえながら、確固たるものであったはずのそれ以前のパースペクティヴからどんどん逸脱していくものなのである。「例外は規則を強化する」ということわざがあるけれども、例外はまた規則を変えたりつくりなおしたりもするのである。

いまあるような環境エコロジーの運動は、私の見るところ、私がここで顕揚している全般的エコロジー、すなわち社会闘争や、みずからの精神《プシシェ》を引きうける仕方を、根本的に既成の中心からずらすことを目的とするエコロジーの展開にきっかけを与え、それを予示することしかできないだろう。現在のエコロジー運動はもちろん多くの取り柄をもっている。しかし本音をいうなら、グローバルなエコゾフィー的問題は、ことの重大性からいって、大規模な政治的アンガージュマンをいっさい拒否するような態度をとったりもする時代錯誤《アルカイザン》的で民俗《フォルクロリザン》的なエコロジー運動の潮流にまかせておくわけにはいかないものだと私には思われる。エコロジーということばの暗示するものが、自然愛好家や自然にのめりこんだ専門家などからなるひとにぎりの少数派のイメージと直結して語られることをやめにしなければならないだろう。エコロジーは、資本主義権力の構成体や、それのつくり出す主観性の総体を問いに付すものである。この十年間そうであったからといって、これからも資本主義権力が勝ちつづけるという保証はまったくない。

現在の永続的な財政的・経済的危機は、やがて、社会的現状や、その基底によこたわるマスメディアのつくる想像界の転覆に通じるばかりでなく、たとえば労働の弾力性《フレクシビリティ》とか規制緩和《デレギュラシオン》といったようなことにかかわる、新自由主義《ネオリベラリスム》由来のいくつかのテーマは、必ず新自由主義それ自体に刃を向けるにいたるだろう。

繰り返しいうが、この選択は、もはや、たんに旧来の国家‐官僚主義の後ろ盾に対する盲目的な固着、すなわち福祉の全般化か、それとも「ヤッピー」のイデオロギーへの絶望的もしくはシニカルな信従か、といった二者択一の問題ではない。現在のテクノロジー革命のもたらした生産性の向上が、しだいに対数的な成長曲線に刻みこまれていくだろうことは目に見えている。したがって問題は、新しいエコロジー的作用因子《オペラトゥール》や新しいエコゾフィー的な言表作用の動的編成が、テクノロジー革命を統合された世界資本主義のように袋小路にみちびくのではなく、それをより不条理性の少ないまともな道筋へと方向づけるのに成功するか否かという点にかかっているのである。

三つのエコロジーに共通する原理は、三つのエコロジーを介してわれわれが直面する実在の領土というものが、みずからを閉ざした即自的なものとして与えられるものではないということである。そうではなくて、その実在の領土は、有限の、有限化された、あるいは特異な、特異化された、不安定な対自的存在として与えられるのであり、したがってそれは層状をなして死滅していく反復性の方向へ行くか、または何らかの人間的な企画によってみずからを「居住可能」なところにしうる実践を起点とした、自己成長的《プロセシュエル》な開放へとむかうかの、分岐の可能性をはらんだものにほかならない。そしてこの実践的開放性こそが、人間のかけがえのない存在の仕方、身体、環境から、民族や国家にかかわる集合体、さらには人類の一般法にいたるまでの、実在の領土を飼いならすあらゆる方法を包摂した「エコ」[4]の技芸の本質をなすものなのである。そういうしだいで、われわれにとって大切なのは、このような実践のみちびき手となる普遍的規則をうちたてることではなくて、逆に、エコゾフィー的な諸次元のあいだにある原理的な矛盾——あるいは、ここでの問題提起に即していうなら、三つのエコロジー的なヴィジョン、三つの弁別レンズのあいだにある矛盾——を明らかにすることにほかならない。

精神的エコロジーに特有の原理は、その実在の領土への接岸が、フロイトが「一次過程」として描きだしたものを想起させる前‐対象的・前‐個人的な論理に依存しているということのうちにある。これは「排中律」とは異なる「第三項をふくむ」論理であり、そこでは白と黒の別は判然とせず、美は醜と共存し、内は外と、「良いもの」は悪しきものと共存する……幻想《ファンタスム》のエコロジーの特殊ケースにおいては、分析地図の見取図作成の試みのたびに必要とされるのは、特異な——あるいはより正確には特異化された——表現的支柱の構築である。グレゴリー・ベイトソンは、彼が「思想のエコロジー」と名づけるものが諸個人の心理領域の範囲内に限定されうるものではなくて、システムとして、もしくは「精神《エスプリ》」（マインド）として組織されるもので、その境界線はもはやその思想に参与する諸個人と符合するものではないことを明瞭に指摘した。(5) しかしベイトソンが行為や言表作用をコンテクストと呼ばれるエコロジー的なサブシステムの単なる部分とみなす地点から、われわれは彼に追従することをやめることになる。私の考えでは、実在的な「コンテクストの捕獲」はつねにある実践に依存するもので、体系的《システミック》な「プレテクスト」と断絶するかたちでとりおこなわれるものなのである。言表作用の構成要素をある一定の次元に位置づけて局限するための綜合《アンサンブリスト》的な序列秩序《イエラルシー》などというものは存在しない。言表作用の構成要素というのは、ひとつの世界から別の世界に敷居をまたいで移行するときに共通の一貫性と持続力をおびる異種混交の要素から成っている。この結晶化の作用因子は、かつてシュレーゲルが芸術作品になぞらえた意味欠如《ア・シニフィアン》的な記号の言説的鎖の断片である（「ちょっとした芸術作品と同様に、断片は周囲の世界から完全に離脱し、ハリネズミのように自己自身を閉ざして存在するものであるにちがいない(6)」）。

精神的エコロジーの問題は、いつでも、いかなる場所においても、個人的もしくは集団的な次元で、既成の安定した集合体から超脱するかたちで浮上して姿をあらわす。この実在的分岐の触媒となる断片を把握するために、フロイトは、精神分析的な参照神話に応じた、面接や自由連想、解釈といったような儀礼を発案した。それに対して、今日、家族療法のなかのポスト・システム分析主義的ないくつかの潮流は、それとは別の場面や参照基準をつくりあげようと熱心な努力をしている。こういったことはすべてたいへんけっこうなことではある！　しかし、そこでおこなわれていることの内実はといえば、いまだ、「原初的」な主観性の生産――わけてもメディアや集団的装備を起点として正真正銘工業的規模で展開されているその生産――を説明することのできない概念的足場の構築にすぎないのである。この型の理論的資料体は、総じて、主観性のありうべき創造的増殖という可能性に対してみずからを閉ざしているという欠陥を呈示している。神話であれ科学的自負をもった理論であれ、精神的エコロジーにかかわるモデルの妥当性は、次のような指標にしたがって判定されなければならない。

(1)　意味と断絶した言説的鎖列を把握する能力を有しているかどうか。

(2)　理論的・実践的な自己建設性を可能にする概念の使用ができるかどうか。

フロイト主義はこの第一の要請には何とか応答しうるが、第二の要請には対応しえない。逆に、ポスト・システム分析主義はむしろ第二の要請に応答しうる傾向性をもっているが、それは第一の要請の方を過小評価するということと表裏の関係としてある。さらに、政治－社会的な領野に目をむけてみると、「オルタナティヴ」派は一般に精神的エコロジーにかかわる問題そのものに対して無理解である。

われわれの立場は、「心理学《プシ》」的模型造りのさまざまなくわだてを、宗教セクトの実践や神経症的な「家族小説」、精神病的錯乱などと同列において、別の角度から再考してみようというものである。その場合、大切なのはこれらの実践を科学的真理の文脈にのっとって説明するのではなくて、むしろ美的‐実在的な効果という観点からとらえることであろう。どういう事態がそこで生じているのか？　どのような実在的シーンがまがりなりにも設置されているのか？　こういった観点が肝要なのである。そして究極目標は、明示的意味《デノタシオン》、暗示的意味《コノタシオン》、意味作用《シニフィカシオン》とすら断絶した意味欠如的《ア・シニフィアン》な記号現象の生じる破壊点の把握であるが、それはなぜかというと、この破壊点を起点として一定数の記号的鎖列が、実在的な自己参照の効果をもたらすためにはたらきはじめるからである。反復症状、祈り、「面接」の儀礼、スローガン、紋章、リフレイン、スターの顔に生じる結晶化作用といったようなものが、部分的主観性の生産の契機となる。これらのものが原《プロト》‐主観性の発生源であると言うことができる。すでにフロイト主義者たちは自我《モワ》が統御できない主観化（主体化）のヴェクトルが存在することを発見していた——母親の乳房、大便、性器といったような意味を欠いた対象《オブジェ》を中心として、部分的、複合的な主観性が結びあわされるのである。しかしフロイト主義者は、これらの「異分子《ディシダン》」的主観性を生みだす対象を、本質的に本能的欲動と身体化した想像界の隣接地帯にとどまりつづけるものだと限定的に考えた。ところが、別のさまざまな対象《オブジェ》、制度的・建築的・経済的・宇宙的対象などもまた、当然、このような実在的生産の機能をになうことができるのである。

繰り返しになるが、ここで大切なのは切断-分岐という現象をとらえることである。この現象は、そのあるがままのすがたを表象するのは不可能であるけれども、一連の根源的な幻想を分泌するものなのである（フロイトのいう原光景、家族療法のシステム分析主義者のいう「武装した」視線、通過儀礼や悪魔祓いの儀礼など）。純然たる創造的自己参照は通常の理解範囲を超えている。つまり、そうした創造的自己参照を表象しようとしても、結局それを、何らかの基準的な神話や物語によって覆いかくしたり、変装させたり、ゆがめたり、やりすごしたりすることしかできない——これが私が超《メタ》-模型化《モデリザシオン》と呼ぶところのものにほかならない。したがって次のような帰結がみちびきだされる——発生期状態にある創造的主観化（主体化）の根源地に到達するには、迂回路的形態のもとにくりひろげられる幻想経済という回り道を通っていくしかない。要するに、誰ひとりとして想像界《イマジネール》のエコロジーの作用をまぬがれてはいないということである！

個人的生活であろうが集団的生活であろうが、精神的エコロジーの重要性《インパクト》は、専門化した「心理学」の領域から発する概念や実践の移入を前提にするものではない。文化や日常生活、労働、スポーツのなかなど、いたるところに出現する欲望の両義性の論理に立ちむかうこと、生産性や利潤などとは異なる指標にしたがって労働や人間活動の合目的性を評価しなおすこと、こうした精神的エコロジーの要請は、個人や社会的切片《セグメント》といったものの総体が適切な仕方で動員されなくては実現できない。たとえば、子供の世界や退行化するおとなの世界における、侵略、殺人、強姦、人種差別といった幻想《ファンタスム》に対していかなる位置づけをおこなったらよいのか？　道徳的大原則の名のもとに検閲と拘束の手続きを倦むことなく発動するよりも、むしろ、そうした幻想の表現のマチエールを転移、移動、転換することをねらった、まさにその名に値する幻想のエコロジーを促進すべきではなかろうか。(7)「実行行為への移行」に対して抑圧が行使されるのはもちろん正当なことであろう！　しかし、それ以前に、非建設的《ネガティヴィスト》・破壊的な幻想に見合った表現様式の整備をおこない、精神病の治療の場合と同様に、漂い出そうとする実在の領土に、その幻想があらためて接着しなおされるような仕方で解除反応が生じるようにすることが必要なのである。このような暴力の「横断性化」が必然的にもたらすのは、自我《モワ》の領土がその一貫性と注意力を失ったとたんに、行く手にあるすべてのものを荒廃させようと絶えず待ちぶせ、身がまえている精神内在的な死の欲動というものの存在を必ずしも前提するにはおよばないという見方である。暴力と否定性はつねに複雑な主観性の動的編成から生じる——それは人間という種の本質に内在的に組み込まれているものではない。暴力と否定性は多数の言表作用の動的編成によって構築され維持されるのである。サドとセリーヌは彼らの否定的な幻想をほとんどバロック様式にまで高めようとつとめ、それ相応の成功にいたった。その意味では、彼らは精神的エコロジーの鍵をにぎる作家とみなされるべき存在といえよう。暴力がさまざまな姿に化身することに「想像をめぐらす」絶えざる寛容と独創性を欠くと、社会はそれらの化身を現実のなかに結晶化させてしまう危険をおびるのである。

今日、そのような例を、たとえば、糞尿譚を主にした子供向けの漫画が集中的に商売の道具として開発されている現象にみることができる。(8) しかし、それよりもはるかに不安をかきたてるのは、あの不快感をもよおさせると同時に魅惑的でもある片目の人物〔フロン・ナショナルの党首ジャン＝マリー・ルペンを示唆。当時ルペンは、自分こそ人種差別の被害者で、その証拠に自分は襲撃されて目を負傷したとして、片目に黒い眼帯をしてメディアにひんぱんに登場していた〕の登場である。この人物は政治的力関係の内部のみならず、メディアという舞台の上でも、みずからの言説の人種差別的・ナチス的な含意を誰よりもよく押しつけるすべを心得ている。顔を隠さない方が彼にとってはよかっただろう——というのも、この種の人物の力は、彼が、実際に社会体総体につきまとっている欲動機構の代弁者になりうるということに由来しているからである。

女性、移民者、狂人などを物化するにいたるあらゆる幻想を根底から根こそぎにし、刑務所や精神病院のような施設を解消するための確実な分析的方法論が存在する、などと主張するほど、私は純朴でもなければ空想家でもない。しかし制度分析（病院、学校、都市環境などにおける）の経験を全体的におしひろげていったら、この問題の与件は奥深い変化をこうむるだろうと私には思われる。統合された世界資本主義のもたらす被害にたちむかうには社会機構の大々的な再建が必要である。ただし、それはトップレヴェルにおける法律、政令、官僚的計画などの改革を通してなされるというよりも、むしろ、革新的な実践の促進、オルタナティヴな経験の積みかさねなどが特異性の尊重や主観性の生産の恒常的作業に収斂され、それが社会全体に適切に節合されながら、自動的におこなわれるようになっていくことを通して実現されるのである。暴力幻想の基盤となっている精神《プシシェ》や社会体《ソシュス》の急激な脱領土化を許容することは、奇跡的な昇華に通じるのではなくて、いたるところで、身体、自我、個人をはみ出す動的編成《アジャンスマン》の再転換をもたらすであろう。処罰を求める超自我や自滅的罪責感は、教育や「生活の知恵」といった通常の手段では手がとどかない。イスラムは別として、一般に大宗教が精神《プシシェ》に対する影響力をますます減退させているのに対し、世界中のあちらこちらでトーテミズムやアニミズムへの回帰といえるような現象が花ひらいているのが見うけられる。

動乱に巻きこまれた人間共同体はみずからの殻に閉じこもって、社会組織の統御を職業的政治家にゆだねてしまう傾向にかたむき、他方、組合組織は、いたるところで危機が見え隠れしている社会の激変についていけなくなっている。(9)

社会的エコロジーに固有の原理は、さまざまな規模の人間集団における、実際的な感情の備給の促進と関係する。この「集団的エロス」は抽象的な量として姿をあらわすのではなくて、精神的エコロジーに属する原初的主観性に特有の質的転換に対応するものである。ここで二つの選択肢が呈示される。すなわち、私―君―彼とか父―母―子といった様式にのっとった主観性の個人現象的な三角形の形成に目をむけるか、あるいは、社会体《ソシュス》や宇宙に広く開放された自己参照的な主体集団の構成に目をむけるかということである。はじめのケースでは、自己《モワ》と他者は自己同一化と標準的模倣の作用から構築され、それは結局、父親、首長《シェフ》、マスメディアのスターといったもののなかに閉ざされた原初的集団に行きつく。実際、大メディアの機能が発揮されるのは、こうした感化されやすい大衆心理の方面においてである。二ばん目のケースでは、自己同一化的システムに代わって図表《ディアグラマティック》的な効能線が作動する。

ここでは、少なくとも部分的には、図像的《イコニック》な模型化の記号学を脱し、構造主義的な悪習に再びおちいらないために私が象徴的《サンボリック》と呼ぶことをさしひかえて自己成長的《プロセシュエル》と名づけている記号論の方が優勢にたつ。図像《イコン》に比べて図表的描線を特徴づけるのは、その脱領土化の程度、自己自身から脱しながら指向対象と接続する言説的連鎖を構成するその能力である。たとえば、ピアノを習っている生徒が先生を模倣しながら先生と一体化していく動きと、先生とは異なる特異化の道に分岐していく可能性を秘めたスタイルへの転移とは、区別して考えることができる。一般的にいって、想像上の群衆集団と言表作用の集団的な動的編成とは区別されるべきであろう。後者は、前-個人《プレ-ペルソネル》的な特性とならんで、社会システムとか機械的構成要素などもふくむものである（ついでに、ここで、「自己産出的《オートポイエティック》」[10]な生きた機械論《マシニスム》を空無な反復の機械装置《メカニスム》に対置しておこう）。

そうはいっても、この二つの様態の対立はそれほど明瞭なものではない——つまり、ひとつの群衆のなかにオピニオン・リーダーの機能を演じる集団がいくつか発生・定着するということもあるし、また逆に、主体集団が無気力で疎外的な状態に再びおちこむこともありうるのである。資本主義的社会——私はこの表現のなかに、西側の大国や日本以外に、いわゆる現存社会主義諸国や第三世界の新興工業諸国もふくめている——は三つのタイプの主観性をつくり出して、それらを資本主義のために奉仕するようにしむける。すなわち、第一に、給与生活者階級に対応する集列《セリエル》的な主観性、つぎに、膨大な「保証なし」の大衆に見合った主観性、そして第三に、支配的階層に対応したエリート的主観性である。社会総体の加速度的なマスメディア支配は、このいくつかの異なった人々のカテゴリーのあいだにしだいに明瞭なひらきをつくりだしていこうとする。エリートの側は、物質財や文化的手段を十分に享受し、読み書きは最小限にとどめながら、ものごとの決定にかかわる権威と正当性の感覚を身につける。それに対して、従属する諸階級の側では、ものごとに対するなげやりな態度、みずからの生に意味を与えようとする希望の喪失感などがかなり一般的に醸成される。社会的エコロジーのもっとも重要な計画的要点は、このようなマスメディア時代の資本主義的社会をポストメディア時代にむけて移行させていくことである。それはどういうことかというと、メディアを再特異化の道にひきこんでいくことのできる多数の主体集団がメディアをあらためてわがものにするということである。このような展望はいまのところ実現の見込みのないことのように思われるかもしれない。しかしメディアによる疎外がうまく機能している現状は、いかなる内在的必然性から生じているわけでもないのである。この点、ものごとの宿命論的な見方がいくつかのファクターを見誤ることにつながっているように私には思われる。そのファクターとは、次のようなものである。

(a)　大衆が突如として覚醒する可能性はあいかわらず失われていない。

(b)　スターリニズムならびにそのさまざまなヴァリエーションがじょじょに崩壊し、別の変革的な社会闘争の動的編成に席をゆずろうとしている。

(c)　メディアの技術革新、わけても極小化、コストの減少などによって、非資本主義的な目的への使用の可能性が出てきている。

(d)　今世紀初頭の工業的生産システムの瓦礫の上に労働過程の再構成がおこなわれようとしているが、それは個人的レヴェルにおいても集団的レヴェルにおいても「創造的」な主観性の生産が増大することをうながす（生涯教育、労働者《マン・ドゥーヴル》の再活性化、権限の移動などをとおして）。

勤労諸階級の主観性を圧延し、のっぺらぼうに集列化したのは工業社会の初期形態であった。今日、国際的な労働分業の特化によって流れ作業システムは第三世界に輸出されている。情報革命、バイオテクノロジーの飛躍的発展、新素材の加速度的創造、時間の「機械的操作」の漸進的精密化(11)の時代にいたって、新しい主観化(主体化)の態様が日の目を見ようとしている。そこでは、知性と発意《イニシアティヴ》のはたらきがますます大きく要請される一方で、逆に夫婦カップルや核家族の家庭生活のコード化やコントロールに大きな注意がはらわれることになるだろう。要するに、家族というものを大規模に再領土化しながら(メディア、援助サーヴィス、間接給与などによって)、労働者の主観性を最大限ブルジョア化する試みがなされるだろうということである。

再個人化と「家族化」の操作作業《オペラシオン》は、その標的が十九世紀ならびに二十世紀前半の工業時代に荒廃させられた集団的主観性の場であるか、あるいは前資本主義時代からうけついだ原始的《アルカイック》特徴がまだ維持されている場であるかに応じて異なった効果をもつ。この点、日本とイタリアの例は意味深いものがある。というのも、この両国はともにきわめて遠い過去と結びついた集団的主観性（日本の場合には神道－仏教にさかのぼる、またイタリアの場合は族長支配の時代にさかのぼるといった）に先端産業を接ぎ木することに成功した例とみなすことができるからである。この二つの国においては、ポスト工業時代への転換が、たとえばフランスのように全地域圏が長期にわたる活発な経済活動から生じた国よりも比較的おだやかな推移を経ておこなわれた。

第三世界のいくつかの国でもまた中世的主観性（氏族《クラン》への服従関係、女性と子供の完全な疎外など）とポスト工業的主観性のかさなりが見られる。しかも、いまのところ主として中国の海岸沿いの地域に局地化している、このタイプの新興工業国が、地中海沿岸やアフリカの大西洋岸でも出現しはじめないともかぎらない。もしそうした事態が発生したら、一連のヨーロッパ地域がみずからの収入源や白人大国への帰属についてあらためて根本的に問われるところとなり、厳しい緊張を強いられることになるだろう。

これらの多様な領域にはエコロジー的諸問題が複雑にまじりあっている。社会的・精神的な新手の時代錯誤《ネオアルカイスム》を放置しておいたら、どこに行きつくか知れたものではない！　これはゆゆしき問題である——アヤトラ・ホメイニのファシズムはイランにおける底深い人民革命を基盤としてはじめて打ちたてられたものであることを忘れてはならない。最近アルジェリアで起きた青年の反乱は、西欧的な生活流儀と保守的原理統合主義《アンテグリスム》のさまざまなヴァリエーションとのあいだに重層的な共生関係があることをあらためて示した。自然発生的な社会的エコロジーは実在の領土の形成をうながすのだが、それは社会体《ソシュス》の昔ながらの儀礼的・宗教的な囲い込みを補うだけにすぎないものである。こうした場合、政治的に首尾一貫した集団的実践がそれに取ってかわらないかぎり、結局優位に立つのは、つねに、女性や子供や周辺者に対して抑圧的で、かついっさいの革新に敵対する反動的な民族国家主義的なくわだてであることは明らかだと思われる。ここで大切なのは、すぐにでも使用可能な社会モデルを提起することではなくて、とりあえずエコゾフィー的な構成要素の総体を責任をもって引きうけ、その目標をとくに新しい価値化システムの設置に定めることであろう。

すでに私が強調したところであるが、社会的に認められた人間活動の威信保証や金銭的見返りが、利潤に依拠した市場によってのみ管理調節されるという状態は、しだいに正当性を失ってきている。別の多くの価値システムが重視されねばならないのである（社会的あるいは美的な「有益性」、欲望の価値など）。ひとり国家だけがこれまで資本主義的利潤の管轄に属さない価値領域を庇護することのできる立場にあった（例：文化遺産に属するものの評価など）。これからは、社会的有用性を認知された事業団体といったような新しい社会的中継体が、第三セクター——私的でも公的でもない——の財政を柔軟に活用したり拡大したりすることができるようにならねばならないということを強調しておく必要があると思われる。すべての人に必要最小限の収入を保証する——いわゆる社会復帰型の契約的保証ではなく権利として認定するかたちで——だけでなく、人々の再特異化のエコロジーの方向にむかう個人的・集団的なくわだてを遂行する手段をいかに獲得するかという問題が浮上しはじめているのである。人が実在の領土やその一部を探究するとき、必ずしも生まれた土地とか、出生と何らかのゆかりのある土地を経由するとはかぎらない。民族運動（バスクやアイルランドでおこなわれているようなタイプの）は、外部に対する敵対性が重視されるあまり、往々にして、みずからの内部に閉じこもり、女性の解放や環境エコロジーなどにかかわる他の分子的革命をなおざりにしがちである。この場合、音楽や詩歌などあらゆる種類の脱領土化した「民族性」が構想されねばなるまい。資本主義的価値化システムが断罪されるべきなのは、他のあらゆる価値化様式を平準化してしまうその全般的等質化作用のゆえであり、結局、他のすべての価値化様式は資本主義的価値化システムのヘゲモニーの下に疎外されてしまうかにほかならない。それに対して、単に抽象的な労働時間や資本主義的な見込み利潤にしたがって決定されるというわけにはいかない、実在的生産に依拠した価値化の道具を対置するか、少なくともかさねあわせていかねばならないだろう。とびきり個人的、特定的、分岐的なくわだてを生かすことができるような新しい価値「財源」、新しい集団的な討議の出現が待望されているのであり、それはとりわけ情報通信や情報処理装置をつかった合議方法をよりどころとしたものになるであろう。集団的利益の概念は、短期的には誰にも「利益を与える」ことはなくても、長期的にみたら人類全体を漸進的《プロセシュエル》に豊かにするようなくわだてにまで拡大適用されねばなるまい。したがってここで検討課題として登場するところとなるのは、基礎研究ならびに芸術の未来の総体にほかならない。

ただしこの点は強調しておきたいのだが、こうした実在的価値や欲望の価値の台頭は、ピンからキリまであらかじめできあがったグローバルなオルタナティヴとして自己出現することはないだろう。それは現行の価値システムがしだいにすみずみまで変質していき、また他方で新しい価値化の極が出現するという過程の結果としてあらわれるであろう。この点、近年のもっともめざましい社会変化が、このタイプの長期的な変質から生じたものであることは意味深い。政治的な次元では、たとえばフィリピンやチリがそうであり、また民族的な次元ではソ連で同様の現象が起きているが、これらの国々では数えきれないほどの価値システムの変動がじょじょに相互浸透していったのである。そして、これらの無数の価値システムの変動を集約し、それを政治的・社会的な力関係のなかに確立する作業は、新しいエコロジー的構成要素のはたらきにかかっている。

環境エコロジーに固有の原理は、そこでは最悪の破局からしなやかな変化まで、すべてが可能だということである。(12) 自然の均衡はいまやますます人間の介入の仕方いかんにかかってきている。いずれ、地上の空気の酸素、オゾン、炭酸ガスの関係を調節するための大計画をはじめることが必要になる時がくるだろう。また、環境エコロジーは機械的エコロジーというふうに呼びかえることも可能であろう。というのは、宇宙にあっても人間の実践においても、問題はひとえに機械——戦争機械とあえていってもよい——にかかわっているからである。全時代を通じて、「自然」は生に対してつねに戦争態勢にあったのだ！　しかし科学技術の「進歩」が人口の急増と結合しながら急速にすすみ、その結果、一種の前方への逃走がいまや機械領域《メカノスフェール》を支配しようとしている。

いずれ問題は自然の擁護だけではなくなり、アマゾンの中心部を修復したりサハラをよみがえらせるといった攻勢的な検討もしなくてはならなくなるだろう。新種の動植物の創造も不可避的にわれわれわれの視野のなかに入ってきていて、それだけに脅威的で魅惑的でもあるこのような状態に適合したエコゾフィー的な倫理の採用が、いっそう急を要するものとなっているのみならず、人類の運命に焦点をすえた政策の緊急性が高まってきてもいるのである。

聖書的な世界のはじまりの物語に新しい永続的な世界の再創造の物語が取ってかわろうとしている。この点に関しては、情報の優位性に相関する還元主義を断罪したヴァルター・ベンヤミンの一節を引用しておくのがいちばんだろう。

「情報が旧来の関係に取ってかわり、さらに情報自体が感覚に場所をゆずるとき、この二重の過程は経験というものの漸進的な減退を反映しているのである。これらの形態はすべて、おのおののやり方で、もっとも古くからあるコミュニケーションの形態のひとつである物語《レシ》から離脱していく。物語は情報とは異なり出来事の純然たる即自性を伝達しようとするのではなくて、出来事をそれを語る者の生そのもののなかにくみこみ、語る者が聞く者に対して自分自身の経験として伝えようとするものである。かくして、あたかも陶工の手が陶器の上にのこるように、語り手はそこにみずからの痕跡をのこすことになるのである[13]」。

純然たる抽象的な情報の世界とはちがった世界を明るみに出すこと、特異性とか有限性が精神的エコロジーの多価値的論理や社会的エコロジーの集団的エロスの原理によって重視されるような実在の領土や参照世界をつくり出すこと、宇宙空間とのめくるめくような対決に立ちむかいながら、それを生の可能性の下に組み入れること、これらが三重のエコロジー的ヴィジョンのからまりあった道程にほかならない。

したがって、実践的かつ思索的、倫理－政治的かつ審美的な新タイプのエコゾフィーこそが、旧来の宗教的、政治的、連合的などなどのアンガージュマンの形態に取ってかわらねばならないと私には思われる。それは内面への自閉にむかうということでもなければ、古いタイプの「活動家主義《ミリタンティスム》」の単なる刷新でもない。むしろ、分析的で主観生産的な諸装置《ディスポジティフ》と諸審級《アンスタンス》を設置することをめざす多面性をもった運動が大切なのである。個人的・集団的な主観性が、自己同一性に囲いこまれ、「自我化」され、個人別に仕切られた境界区域からいたるところではみ出し、社会体《ソシュス》の方向だけでなく、機械領域、科学技術的な参照の場、美的世界、さらには時間や身体や性などの新たな「前－個人的《プレ－ペルソネル》」理解の方向へと、全方位的にみずからをひらいていくようにならなければならない。再特異化の主観性が欲望や苦痛や死といったようなすがたをまとった有限性との遭遇を真正面からうけとめることができるようにならなければならない。そんなことはもう何ひとつ思いどおりに運ぶものではないというつぶやきが周囲から私に聞こえてくる！　まさしくいっさいの特異性のわりこみから身をかわすためのさまざまな神経鎮静用の覆いが、いたるところでおしかぶせられている。いまいちど歴史を頼みにしなければならないのだろうか？　少なくとも、人類の人類自身による根源的な奪回がないかぎり人間の歴史はありえなくなる危険があるという意味においては、そういえるだろう。支配的主観性のエントロピー的増大をあらゆる手段をもちいて払いのけなければならない。経済的「挑戦」の効率性にいつまでも目をあざむかれつづけるのはもうやめにして、特異化の過程が一貫性を保ちうるような価値世界を再獲得することこそが肝要なのである。新しい社会的実践、新しい美的実践、他者や外国や奇妙なものなどとの関係における新しい自己実践、こういったプログラムは一見目下の緊急課題からははるかにへだたっているように思われるかもしれない！　しかし、われわれの生きているこの時代の大きな危機からの脱出は、まさしく、発生期状態の主観性と、変異状態の社会体と、再創造の臨界点に達している環境という三つの要素の節合いかんにかかっているのである。

　結論としていえば、三つのエコロジーは、それぞれを特徴づける実践という観点からは互いに区別されるけれども、ひとつの共通の美的－倫理的な領域に属するもの、いわばひとつにつながりあったものとして構想されねばならないということである。三つのエコロジーの作用領域《レジスター》は私が異質発生性と名づけたもの、すなわち再特異化の持続的過程に依存する。諸個人は他者に対して連帯的であると同時に、他者とますます異なった存在にならねばならない（学校や市役所や都市計画などの再特異化についても同じことがいえる）。

主観性は、横断的な鍵を介して、環境世界や大きな社会的・制度的な動的編成のなかに同時に設置されていくが、それと対称的なかたちで、個人のもっとも奥深い領分に住みついている幻想や風景のなかにも根をおろしていく。ある特別の領域のなかで一定レヴェルの創造的自主性を獲得すると、それは別の諸領域にも同様の現象を惹起していく。かくして、人類の人類自身に対する信頼の回復の触媒が、少しずつ、時には微小このうえないような手段から形成されていくのである。この私のエッセーもしかり、たとえほんのわずかでも、いま周囲にひろがる単調さと受動性に一石を投じようという試みにほかならない(14)。

原注

（1）*Vers l'écologie de l'esprit*, tome II, Paris, Le Seuil, 1980〔英語原題は *Steps to an Ecology of mind*。邦訳は『精神の生態学』（新思索社）に収録。英語ではこのあとに次のような文章が続いている。「これが根本的な誤りが蔓延するシステムの特徴である」〕.

（2）たとえばフィアット社の工場では、末端の賃金労働者の数が十年間ほどのあいだに十四万人から六万人に減った一方、生産性は七五パーセント上昇した。

（3）*Entre le temps et l'éternité*〔『時と永遠のあいだ』〕, Paris, Fayard, 1988, pp. 41, 61, 67.

（4）「エコ」という語根はここではギリシャ起源の「オイコス」という意味、すなわち家、家財、住居、自然環境というニュアンスでつかっている。

（5）*Vers l'écologie de l'esprit*〔『精神のエコロジーにむかって』〕, tome II, Paris, Le Seuil, pp. 93-94.

（6）フィリップ・ラクー＝ラバルトとジャン＝リュック・ナンシーによって、『文学的絶対性』のなかに引用されている（《*L'Absolu littéraire*》, 1978, p. 126)。

（7）こうしたサディズム的欲望のユーモラスな次元への転換に成功したすばらしい例として、ロラン・トポールの映画《Le Marquis》を挙げることができる。

（8）《SOS Crados》と銘打たれた『リベラシオン』紙一九八九年三月十七日のアンケートを参照のこと。

（9） こうした実態を証明する兆候として、大きな社会運動が生じるさいの自然発生的な「調整装置」の増殖を挙げることができる。また、こうした「調整装置」が「下部」の表現をひろげるために情報通信輸送システムを利用することがあるという事実も指摘しておこう（たとえば Minitel 3615 Code Alter といったような)。

（10） « autopoiétique » とは、フランシスコ・ヴァレーラの言う意味でつかっている。Francisco Varella, *Autonomie et connaissance*, Paris, Le Seuil, 1989.

（11） 激変しつつあるこの四つの側面については、ティエリー・ゴーダンのレポート「技術状態についての報告」(« Rapport sur l'état de la technique », CPE, *Science et Techniques* « numéro spécial »）を参照。

（12） グレゴリー・ベイトソンはエコロジー・システムを綱渡りの曲芸にたとえながら、「しなやかな予算案」について語っている（前掲『精神のエコロジーにむかって』参照)。

（13） Walter Benjamin, *Essais 2*, trad. Maurice de Gandillac, Paris, Denoël, 1983, p. 148.

（14） ジャック・ロバンが「エコロジー、社会、ヨーロッパを同時に考える」と題されたレポートのなかで、「全体的《グローバル》エコロジー」の展望に立って、われわれと同方向の道筋をたどりながら、比類なき説得力をもって、科学的エコロジーと経済的エコロジーの関係、そしてこの両者の倫理的帰結にかかわる問題の出現などを論じている（« Groupe Écologie » d' « Europe 93 », 22, rue Dussoubs, 75002 Paris, année 1989)。

2　ポストメディア社会にむけて——大阪講演（一九八九年十一月二十一日）

前置き

この講演は、一九八九年十一月二十一日、新日本建築家協会の招待で来日したフェリックス・ガタリが、「関西都市文明アソシエイツ」の協力で大阪科学技術センターで行なったものである。一九八九年といえば『三つのエコロジー』がフランスで出版された年である。当日用のチラシの講演タイトルは「都市と文明」となっていたが、通訳を頼まれた私にガタリが事前に送ってきた原稿には「言語・意識・社会」というタイトルがつけられていた。その後、大村書店版『三つのエコロジー』に収録するときに、ガタリの了承を得て私が「ポストメディア社会にむけて」と改題したが、その内容は『三つのエコロジー』で展開された内容をさらに発展させようという強い意思を感じさせるものであった。案の定、一九九二年一月の沖縄講演のあと、二月にガタリが送ってきた『カオスモーズ』を開くと、「主観性の生産について」と題された冒頭部分が、まさにこの大阪講演の内容と符合していた。ただし、大阪講演は『カオスモーズ』の冒頭の章の三分の二くらいの分量であり、いわばそのエッセンスといえる。ついでに付記するなら、「沖縄講演」（本書一〇三ページ以下に収録）の内容は、『カオスモーズ』の最終章に対応するものである。読者の方々は、こ

ういった経緯を念頭において読んでいただくと、理解がより深まるであろう。（訳者記）

私は精神病理学や精神療法の場における職業的活動、ならびに政治的・文化的アンガージュマンを通して、個人的・集団的・制度的な諸審級によって生産される主観性にしだいに大きな注意をむけるようになりました。

主観性をその生産という角度から考察することは、私の立場からすると、物質的下部構造↓イデオロギー的上部構造という伝統的な決定システムに回帰するという話とはまるで無関係です。主観性を生みだすさまざまな記号的作用領域《レジスター》は決定的に固定された動かしがたい上下関係を保つものではありません。たとえば、株式が世論の変動の影響をうけるという事実からも確認されるように、経済的記号化が集団的な心理的ファクターに依存するというようなことも起こりうるのです。主観性というのは複数的であり、ソ連の文芸理論家ミハイル・バフチンの表現を借用していえば、多声的《ポリフォニック》なものなのです。したがって主観性は、単一の因果律にしたがって支配的な決定的審級《アンスタンス》がその他の諸審級を先導するといったシステムとは無縁な存在です。

三つの考察をそれぞれに深めていくことによって、私たちは個人的主体と社会との古典的な対置を超えながら、さらに現在流布している無意識のモデルを再検討する方向に沿って、主観性の定義を拡大していくことができます。第一に、歴史的現在としての今日の出来事の表舞台に主観性というファクターが突然わりこんできていること。第二に、主観性の機械的生産の巨大な発展。第三に、人間の主観性に関係のある比較行動学的《エトロジック》・生態学的《エコロジック》なアスペクトが最近明瞭に浮上してきていること。

主観性というファクターは人類の歴史を通してつねに重要な位置を占めてきました。しかしそれは、現在、とりわけ世界的なひろがりをもったマスメディアによって中継されるようになってから、ある支配的な役割を演じようとしているように思われます。ここでは、簡潔に二つの例をあげるにとどめましょう。中国の学生が始動させた巨大な運動はもちろん政治的民主化というスローガンをかかげていました。しかしその運動がもたらした情緒《アフェクティフ》的な内容の伝染はたんなるイデオロギー的要求をはみだしたものであったということも疑いえないところだと思われます。生活スタイル、社会的諸関係の概念、集団的倫理といったものの総体がこの運動のなかで作用因子として機能したのです。そして、とどのつまり、戦車というようなものはなんの役にもたたないということがいずれ明らかになるでしょう。ハンガリーやポーランドと同じように、最後に勝利するのは集団的実在の変化にほかならないのです！　しかしながら、主観化（主体化）の大運動は必ずしも人々を解放する方向にむかうとはかぎりません。たとえば、十年以上も前からイラン人民をつらぬいている巨大な主観性革命は、宗教的な時代錯誤《アルカイスム》と、全体として保守的な社会的態度《アティテュッド》――とくに、女性のおかれている状況に対する――に収斂しています。けれども、一般的にみて、現代史は主観的特異性への要求の高まりによってしだいに大きく左右されるようになっていると言うことができます――少数言語の主張を軸とした言語戦争、自立自治主義的要求、少数民族問題などに、そのあらわれを認めることができます。西側ならびに東側の資本主義的植民地主義が体現してきた主観性の普遍主義的な表象といったようなものは破産してしまったのですが、このような失敗の帰結の大きさをまだ誰も十分におしはかることができないでいるのです。

はたして、マスメディアや情報科学、情報通信、ロボット工学などの記号的生産を、心理的主観性の外部にあるものとしてとらえるべきでしょうか？　私にはそうは思われません。テクノロジー的な情報機械や伝達機械は、一般的な集団的装備のひとつとみなすことができる社会機械と同じように、人間の主観性の核心部分で機能するのです。しかも記憶や知性のなかだけでなく、感性や感情や無意識的な幻想のなかにおいてもそれは機能します。このような主観化（主体化）の機械的《マシニック》構成要素を考慮すると、私たちは主観性の再定義にあたって、主観性の生産にむかう構成要素の異種混交性に執着せざるをえなくなります。これらの要素は一方で意味をもった記号的次元をふくむだけでなく、他方で純言語学的な公理からはずれた、意味をもたない記号的次元をもふくみこんでいます。精神現象《プシシェ》にかかわることのいっさいを言語学的な表現記号《シニフィアン》の単一支配下にひきよせようとしたのは、構造主義的潮流の重大な誤りでした。主観性の機械的《マシニック》な変化は、私たちに、主観性の普遍化的・還元主義的な同質化傾向よりも、むしろその異質化傾向を重視することを余儀なくさせます。たとえば「コンピュータの補助的利用」がイメージの生産とか数学の問題の解明にまでいたりつくなどとは、つい数十年前まではまったく想像できなかったことです。しかし、そうはいっても、やはり単純な機械論的《メカニスト》因果思考にはおちいらないように気をつけなくてはなりません。主観性の機械的《マシニスト》生産は良い方向にも悪い方向にもとことんその作用を貫徹するものです。良い方向にいけば、それは創造的になり新しい参照世界の創出につながりますが、悪い方向にいけば、今日無数の個人がくくりつけられているような愚かしいマスメディア支配にいたるということです。テクノロジーの変化がこのような領域におけるさまざまな社会的実験と結びつくことを通して、私たちはいまのような抑圧的時代から脱出し、メディアの利用の仕方の再獲得と再特異化によって特徴づけられたポストメディアの時代に入ることがいずれ可能になるでしょう（データ・バンクへのアクセス、ヴィデオテープ・コレクション、メディア主体の相互利用活動など）。

　こうした主観性の多声的・異種混交的な理解と同じ道筋の上で、私たちは主観性の比較行動学的・生態学的なアスペクトを重視することになります。ダニエル・スターンは、その著書『乳幼児の個人横断的世界』[1] のなかで、子供の言語獲得以前の主観性の形成についてすばらしい探究をおこなっています。彼は、そこで、問題の核心はフロイト的な意味における「段階《スタード》」などではなくて、一生を通じて並行関係を保ちながら維持されると思われる主観化（主体化）の諸レヴェルにほかならないことを明証しています。彼は、したがって、主観性の構造的「一般概念」として呈示されてきたフロイト的なコンプレックス理論における精神発達作用の過大評価を放棄しているのです。他方でスターンは、子供の最初期の経験にみられる、自己感覚と他者感覚とが分離していないむぞうさな主観貫通性――もしくは間主観性――の重要性を指摘しています。つまり、浮上しつつある主観性を構造化するのは、「共有しうる感情」と「共有しえない感情」との弁証法《ディアレクティック》にほかならないのです。この発生期状態の主観性を、人は、夢や錯乱、創造的情熱、恋愛感情といったようなもののなかに再発見してやまないというわけです。

社会的エコロジーと精神的エコロジーは、制度論的精神療法（一九四〇年に内戦下のスペイン（カタロニア）から南フランスの小村サンタルバンに移住（亡命）したPOUM（マルクス主義統一労働者党）の活動家フランソワ・トスケル（カタロニア語ではトスケイエス）が、この地の精神病院で創始した精神療法。のちに、サンタルバンのみならず、フランスのジャン・ウリやガタリによって継承されて、現在も、ガタリの働いていたラボルド精神病院をはじめとする少なからぬ精神病院で実践されている。ガタリの思想の多くはこの療法の実践的経験から発生している。くわしくは、杉村昌昭他編訳『精神の管理社会をどう超えるか？』（松籟社）を参照のこと）の経験のなかに、みずからにとって最適の探求場所を見出しました。私はとりわけ私自身が長年働いているラボルド精神病院のことを念頭に思いうかべているのですが、そこでは、精神病者があらゆるレヴェルで責任をもって活動的な雰囲気のなかで生きることができるように、ありとあらゆる工夫がなされてきました（そのためには病院で働くスタッフ全員が絶えず動員態勢をとることが必要です）。そういう状態のなかでは、異質このうえない諸領域がひとりの病者が快方にむかうのに一致協力しうるということが確認されています——建築空間との関係、経済的諸関係、病者と介護人とがさまざまな異なったヴェクトルの治療を共同管理すること、外にむかってみずからをひらくためにあらゆる機会をとらえること、いろいろな出来事の「特異性」を過程として活用すること、そして他者とのまっとうな関係を創出するのに役立つすべてのことに気配りしていくこと。こうした看護制度の構成要素のそれぞれに、ひとつひとつの必然的な実践が対応関係をもつのです。つまり、人は互いに即自的なものとしてあたえられたある主観性の前にいるのではなくて、自立化の過程、フランシスコ・ヴァレーラの唱える自己産出《オートポイエシス》(2)の過程にむかいあうかたちで存在しているということです。

家族的精神治療の領域における精神現象《プシシエ》の比較行動学的なバネの利用例を、最近の例のなかからとくにひとつあげておきましょう。それは、アングロサクソン諸国やイタリアなどでさかんなシステム分析理論の支配下から脱しようとする、モニー・エルカイム(3)を中心とした潮流です。

ここで考えられているような家族セラピーの独創性に注目すると、私たちは科学主義的なパラダイムから遠ざかって美的‐倫理的なパラダイムに接近していくことになります。治療士は積極的に自分の身を投じて危険をひきうけながら、みずからの幻想をもためらわずにてんびんにかけ、実在的な正当性を保ちながらも遊戯的自由さをもったパラドクシカルな空気をつくりだそうと試みるのです。さらにもうひとつきわめて注目すべき点をあげると、家族治療法のセラピストの育成過程で、仮設の模擬的状況がいわば自然状態より以上に真実味をおびてくるという事実です。このことは、すなわち、家族治療の舞台が「創造的」な性格を獲得しうるということを証明するものです。

　現代史の方面、わけても機械的な記号生産とか、社会的エコロジーや精神的エコロジーの方に目をむけてみると、やはり主観性の個人化が再検討の俎上に載せられていることに気がつくわけですが、この主観性の個人化というのは、結局、言表作用の集団的な動的編成のひとつの姿形にすぎないのです。現段階において、私が主観性というもののとりあえずのもっとも包括的な定義として提起したいのは以下のような内容です――個人的そして／あるいは集団的な諸審級が、それ自体主観性の表出にほかならない他者性と隣接関係もしくは相互規定関係を保ちながら、自己参照的な実在の領土として浮上することのできるような状態を可能ならしめる条件の総体。したがって、一定の社会的・記号学的な文脈のなかでは主観性は個人化するところとなります。つまり、自分自身に対して責任があるとみなされた人《ペルソンヌ》は、家族的習慣、地域のならわし、あるいは法律などによって支配された他者性との諸関係のなかでみずからの位置どりを決めるということです。しかしまた、別の条件下では、主観性は集団的なものになります。ただし、それは、そのぶん主観性がもっぱら社会的なものになるということを意味するわけではありません。というのも、この場合、「集団的《コレクティフ》」ということばは、個人を超えて社会体《ソシユス》にむかうと同時に、人《ペルソンヌ》になる以前の方向や、限定的な秩序立った論理よりもむしろ感情《アフェクト》の論理に依存する言語以前的な強度の方向にもひろがっていくといった、多数多様性の意味あいで理解されるべきものだからです。

かくして、私が主観性の定義の素案のなかで喚起した主観性の生産の条件は、言語によって表示される間主観的な人間的審級、比較行動学《エトロジー》の領域に属する暗示的もしくは自己同一化的な審級、コンピュータの補助をもとめる機械的装置、性質のちがうさまざまな制度、音楽や造形芸術の世界のような非身体的な参照世界といったようなもののすべてを、同時にふくみこむものなのです。

さて、つぎに無意識の問題にうつりましょう。フロイトは精神現象《プシシエ》のかくされた大陸が存在し、そのなかで欲動や認識の重要な選択がおこなわれると仮定しました。いまでは、無意識の理論と、それを参照する精神分析や精神治療の実践、あるいは制度的・文学的実践などとを切り離して考えることはできなくなっています。無意識はひとつの制度、広い意味での「集団的装備」となっているのです。人が夢を見たり、おかしなことを言ったり、やりそこないとか言いまちがいをおかしたりすると、すぐに無意識がひきあいに出されたりします。フロイトの発見——私はむしろ発明と形容したいのですが——は、たしかに今日私たちが精神現象を研究する視点をゆたかにしました。したがって私がここで発明という言葉をつかったのはけっして軽蔑的な意味あいにおいてではありません！　キリスト教徒が新たな主観化

（主体化）の方式を発明したのと同じように、中世の騎士道、ロマン主義、ボルシェヴィズムなどもそれぞれ新たな主観化（主体化）の方式を発明しました。それと同じように、さまざまなフロイト学派もまた、新しい感じ方、生き方を生みだし、さらには、ヒステリー、小児神経症、精神病、家族の葛藤、神話の読み方などの新しいつくりだし方を分泌するところとなったのです。しかしフロイト的無意識はそれ自体歴史的に変化し、当初のほとばしり出るような豊かさや得体の知れない無神論とでもいった要素を失って、自我の分析、社会への適応、あるいは構造主義的な解釈に立った表現記号《シニフィアン》の秩序への順応などに焦点をむすんでしまいました。

人間科学や社会科学を科学主義的なパラダイムから美的‐倫理的パラダイムへと移行させようという私の展望からすると、問われるべきなのは、もはや、フロイト的無意識あるいはラカン的無意識が精神現象の諸問題に対して科学的な答えをもたらしうるかどうかではありません。フロイト・モデルやラカン・モデルは、いまでは、多くの主観性生産機能のひとつとしかみなされえないものであり、それらを機能させる技術的・制度的な装置や、精神医学、大学教育、マスメディアなどに対するその影響力と切り離しては考えられないものです。もっと一般的にいうなら、各個人、各社会グループは、それぞれ、みずからに固有の無意識的主観性の模型のようなもの——つまり認識的標識だけでなく、神話的、儀礼的、精神症候的な標識などもふくんだある地図《カルトグラフィー》——を持ち運んでいるのであって、おのおの個人や社会グループはその地図をもとにして、みずからの感情や不安を位置づけ、あらゆる種類のタブーや欲動を管理しようとするのです。したがって私たちの問題は、いまや、単に思索の次元にあるのではなく、きわめて実践的な次元にもおかれているのです——精神分析の「市場」に提出されている無意識モデルは、はたして、現在の主観性生産の諸条件に合致しているのだろうか？　そのモデルを革新し、新しいモデルを発案する必要があるのではないだろうか？　こういった問いが私たちに課されているということです。さらにまた、つぎのような問いも考えていかなくてはなりません。異例の出来事に出くわしたとき意識のなかでいかなる過程が生じるのか？　激変途上にある周囲の環境世界を把握するための思考様式の変化とか、能力の変化は、どのようにして起きるのか？　また、この、それ自身変わりつつある外部世界の表象は、どんなふうに変化していくのか？　フロイト的な無意識は旧来の社会と不可分の関係にあるのですが、その社会というのは男根支配的な伝統や主観性の不変的要素などにくくりつけられたものです。現代の大変動は、もっと未来の方向にむいたモデルの考案とか、あらゆる領域における新しい美的・社会的実践の登場を要請しています。しかし現実はというと、人生の意味の低下が自己《モワ》のイメージの断片化を惹起し、自己の表象が混乱し矛盾したものになる一方、他方で、保守的レジスタンスが頭をもたげ、安定をもとめる硬直化し教条化した意識がいっさいの変化を状況攪乱のくわだてとみなして、これに対抗しようとしているのです。

ジル・ドゥルーズと私は、フロイト的な意識－無意識の二元論的類別とならんで、オイディプス的三角形構造や去勢コンプレックスといったようなレヴェルで生起するいっさいの二元論的対置を拒絶してきました。私たちは、多数多様な主観性の層、かなり大きなひろがりと一貫性をもった異種混交的な層からなる無意識というものを選択したのです。したがってそれは、家族中心主義的な桎梏から解き放たれた、より「スキゾ」的な無意識であり、過去への固着や退行ではなく現在の実践の方向にむいた無意識にほかなりません。構造や言語の無意識ではなくて、流れと抽象機械の無意識です。しかしながら、私たちはこの「スキゾ分析の地図作成」を科学的なドクトリンとして提案しようとは思いません。芸術家がその先行者や同時代人から自分に合致する特徴的《トレ》表現を借用するのと同じように、私たちは私たちの読者に私たちの提起する諸概念を自由に取捨選択してもらいたいと考えているのです。この作業で大切な点は、最終結果ではなくて、地図作成の方法が主観化（主体化）の過程と共存するものだという事実、したがって、また、主観性の生産手段の再獲得、自己産出がこうして可能にもなるという事実にほかならないのです。

私たちは別に精神病と芸術作品を同一視したり、精神分析家と芸術家を同列にあつかおうとしているわけではないことを明らかにしておかねばなりません！　私たちは、ただ、彼らがみずからの存在をひきうけるやり方が美的次元の自立的領域と深くかかわっているということを言明しているにすぎないのです。そこには、ある重要な倫理的選択が存在します――すなわち、主観性を客観化し、物象化し、「科学化」するか、あるいは逆に、主観性をその自己成長的《プロセシュエル》な創造性のなかでとらえようとするか、ということです。カントは、嗜好《グー》による判断が主観性ならびに主観性の他者との関係をある「公平無私《デザンテレスマン》」の様態にひきいれることを強調しました[4]。しかしこのような自由と公平無私が精神現象のなかに実際にどういうふうに組み込まれるのかを説明しなくてはなりません。こうした自由と公平無私のカテゴリーを無意識的美学の本質的領域として指定するだけでは不十分なわけです。つまり、一定の記号的断片がいかにして自立をかちえるか、また、どのようにして自己自身のために機能しはじめ、新たな参照の場を生みだしていくのか、ということです。実際、このような自己参照的な切断を起点として、はじめて、自由の新しい要因の発生と連動した実在的な特異化が可能になるのです。支配的意味作用の場からのこうした「部分対象」の離脱は、ある突然変異的な欲望の台頭と、一定の公平無私性の完遂の促進とに対応します。ここで、私たちはミハイル・バフチンが一九二四年に書いた最初の理論的試論(5)と出会うことになります。バフチンはそのなかで、認識的もしくは倫理的な内容の自立化と、その内容の美的対象としての完成とによる、美的形式の言表作用の獲得機能をあざやかに浮き彫りにしています。私はこれを部分的言表作用と形容したいと思います。バフチンは作品の作者と観察者《コンタンプラトウール》──フランスの画家マルセル・デュシャン（一八八七—一九六八年。早くから油絵を放棄し、自転車の車輪や便器などの「既成物」をオブジェとして展示するなど、芸術そのものへの懐疑を表現した作品でつとに知られる異色の芸術家）風にいうなら凝視者《ルガルドゥール》──とのあいだで生じる主観化（主体化）の転移を描き出しているのですが、その動きのなかで、「消費者」はいわば作者の共同創造者になるというわけです。ただし、美的形式がこうした結果にいたるには、表現のマチエール自体が明白に創造的になるような仕方で、孤立化と分離の機能が生じるといった迂回路を通らなくてはなりません。そのとき、作品の内容は認識的ならびに倫理的な共示作用《コノタシオン》から離脱することになります──「孤立化や分離は物としての作品に関係するのではなく、作品の意味作用や内容に関係するのであり、意味作用や内容は、そうした場合、たいてい、自然の統一性とか存在の論理的統一性といったようなものとの一定の必然的な関係から解き放たれるのである」[6]。つまり、「作者を手中におさめ」て、一定の美的言語作用の様式を生みだすのは、あるタイプの内容の断片《フラグマン》にほかならないということです。バフチンが繰り返し主張するところによると、たとえば音楽においては、孤立化や発明は素材に対して価値評価的にかかわることはできません――「孤立化するのは聴覚音ではなく、また、発明されるのは作曲に介入する数学的な数ではない。孤立化し、発明によって不可逆のものとなるのは、そこで生じる何かをもとめていく出来事のような動きであり、価値生産的な緊張感である。そのような動きや緊張感は、孤立化して不可逆になるおかげで、障害なくみずからの身をひき離し、その自己完成のなかに休息を見出すところとなる」[7]。

詩においては、創造的主観性は、離脱し、自立し、自己完成するために、好んでつぎのようなものをとらえようとします。

(1) 語の音や響きと、語の音楽的側面。
(2) 語の物質的な意味作用と、その微妙なちがいや変異体《ヴァリアント》。
(3) 語のことばとしての結合のアスペクト。
(4) 語の情緒的抑揚や意志表出的抑揚といったアスペクト。

(5)　発音、身ぶり、表情といった発動的な諸要素をふくむ、意味をもった記号的《シニフィアン》な音の能動的生成からなる言語活動感覚。ことばの働きや魂、その有機性が全体として具体的に統合されながら、ある運動《ムーヴマン》のなかにひきずりこまれていく感覚。

もちろん、この最後のアスペクトが他のすべてのアスペクトを包括する(8)というわけです。このバフチンの天才的分析——ここではその大まかな紹介にとどめるしかありませんが——は、私に部分的主観化（主体化）に関する彼のアプローチを拡大してみようという気を起こさせます。このような、内容から離脱した断片の作動がみられるのは、何も詩や音楽にかぎったことではありません。私はこれを一般化して、「実在的リフレイン」というカテゴリーに入れたいと思います。というのも、主観化（主体化）の様式の多声性は「時の刻み方」の多様性に対応するものだからです。その他のリズム的要素は私が実在的言表作用と呼ぶところのものを結晶化するようにいざなわれ、いわば実在的言表作用を受肉化し特異化するのです。詩や音楽の手前にある複雑なリフレインは、主観化（主体化）が異質な諸様式に分岐していく十字路のようなものです。時間というものは長いあいだ普遍的で一義的なものとみなされてきました。しかし実際には、人は時間をもっぱら特殊で多義的なものとして把握してきているのです。普遍的時間というものにしても、ある密度を基準にした時間性の獲得様式――リフレイン――のひとつの仮設的投影にすぎないのであり、そのようなリフレインは、生物学的、社会‐文化的、機械的《マシニック》、宇宙的等々の作用領域《レジスター》でそれぞれに機能しているということです。

リフレインが分岐路として支配的な役割を演じるこうした多声的な主観性の生産様式を例証するために、テレビ消費の例をあげてみることにしましょう。私がテレビをみている場合、私はまずテレビの光っている部屋のなかで睡眠効果もどきの知覚的な幻惑状態におかれている。(9) と同時に、私は放映されている番組の物語的内容にひきこまれながら、その一方で、周囲の出来事(ガスの上で湯がわいていたり、子供の泣き声がきこえたり、電話が鳴ったりといった)に注意をはらっている。さらに私の頭の奥では夢想や幻想がうごめいてもいる。このように私の個人的自己同一性の感覚はさまざまな異なった方向にひきさかれているわけです。ここで、私をつらぬく主観化(主体化)の要素の多様性にもかかわらず、私が一個の存在であるという事態をつくりだしているのは、私をテレビスクリーンの前にすえつけているリフレイン作用であり、したがってテレビスクリーンはこの場合射影的な実在の領土となっているということです。バフチンと同じように、私も、リフレインは形式、素材、通常の意味作用といった基本的要素に依拠するのではなく、意味作用と感覚のカオスの真ん中に

「引力源」としてつくりだされるある実在的な「モチーフ」（あるいは「ライトモチーフ」）の離脱に依拠するものだと言いたいと思います。

実在の領土を限定するリフレインのもっとも単純なケースは、多くの鳥類の行動のなかに見出すことができます。鳥類の場合、鳴き声の特別のシークエンスが性的パートナーを誘惑したり、部外者を遠ざけたり、捕獲者の到来を告げる合図になったりします[10]。それは、そのたびごとに明確に限定された機能的空間をつくりだすわけです。原始社会においては、リズムや歌声、踊り、仮面、からだの入れ墨、地面やトーテムにきざんだしるし、儀礼や神話の参照などをもとにして、別種の集団的な実在の領土が画定されます[11]。このような種類のリフレインは古代ギリシャにも見られるもので、そこでは、「ノモス」（短い旋律のある決まり文句）が、いわば、同業者組合の旗やしるし、「音による合図」の役割をはたしていました。しかし、私たちにしても、何らかの主観的な時間の区切りを触媒的な基準単位として発動させることによって、悲しい気分にしずんだり、楽しいにぎやかな雰囲気にひたったりするわけで、いわば誰しもがこのような主観的状態の境界の踏みこえ方を知っているということです。リフレインの概念をつかって私たちが浮き彫りにしようとしているのは、こうしたマスとしての感情だけでなく、もっと超複合的な諸問題です。たとえば、音楽や数学などの非身体的な世界への参入の問題があります。しかもその場合、「一般的」な参照世界としてそれが問題になるのではなくて、多様な潜在性の諸線が交錯する十字路で歴史的な刻印をおびた特異性の世界として、私たちはそれを問題にするのです。このタイプの作用領域《レジスター》においては、時間は過ぎてゆくのを耐えるといった受け身の対象ではなくなり、行動をしかけたり、方向づけたり、分極化したりする、いわば質的変化の対象にほかなりません。そこでは、分析は、もはや、あるあらかじめ存在する潜在的内容に応じて症状を解釈することではなくて、存在を分岐させる能力をもった新しい触媒の場所を創出するいとなみなのです。特異性、意味の切断、中断、断片、記号的《セミオティック》内容からの離脱——たとえば、ダダイストやシュールレアリスト流の——といったものは、主観化（主体化）の起きる変異誘発的な場所から発生します。化学がはじめは複雑な混合物を純化することから出発して、そこから同質の原子や分子を取り出し、さらにその原子や分子をもとにして、かつては存在しなかったような無数の種類の化学的産物を合成するにいたったのと同じように、美的主観性、あるいは精神分析でいう部分対象の「抽出」や「分離」は、やがて主観性のとてつもない複雑化をもたらし、いまだかつて見も聞きもしなかったような実在のハーモニー、ポリフォニー、リズムと、それらからなる交響作用を可能にするはずです。

現在、機械的につくりだされる情緒的流れが支配的になることによって、旧来の実在の領土の解体がすみずみにまでいきわたろうとしています。工業社会の初期の局面では、「悪魔的なもの」がまだいたるところで露出していました。しかし、それ以後、神秘というようなものはしだいにものめずらしいだけのものになってきたのです。その証拠として、ここでは、あのスタニスワフ・イグナッツィ・ヴィトキェヴィッチ〔一八八五―一九三九年。ポーランドの画家・小説家・劇作家。さまざまな芸術活動ののち、一九三九年、ソ連軍のポーランド侵攻とともに自殺するが、戦後名声が高まる〕の、文字通り指の間からこぼれ落ちていくかのような最後の「存在の奇妙さ」を把握せんとする絶望的な探索を喚起しておけば十分でしょう。

ともあれ、このような条件のもとでは、不自然なかたちで稀少化し、再特異化された主観化（主体化）の世界をまっとうに再構成することができるのは、ひとえに詩的機能をおいてほかにありません。詩にとって大切なのは、メッセージを伝達したり、自己同一化の支柱としてのイメージや模型化の手続きの支えとしての形式的パターンを供給したりすることではなくて、マスメディアのつくりだすカオスの渦中で一貫性や持続性を獲得できるような実在的作用因子を触発することです。

書いたり、声を出したりする活動、あるいは音楽や造形のいとなみのただ中で作動しているこの詩的‐実在的な触媒作用は、芸術作品の創造者、解釈者、愛好者の言表作用的な再結晶化をほとんど共時的にひきおこします。この触媒作用の効能は、それが、記号的に構造化された直示的《デノタティフ》な意味作用の織り物のなかに、能動的・自己成長的《プロセシュエル》な切断をつくりだすことができるということにほかなりません。そして、そこから新しい参照世界が作動していくことになるのです。

したがって、このような詩的機能は、それがある一定の――つまり歴史的・地政学的観点から位置づけられた――言表作用の領野で実際に発動するとき、自己参照化と自己価値化の生じる変異誘発源としてすえつけられるのです。そういうわけで、詩的機能はつねに二つの観点から考察しなければならないということです。まず一方で、支配の過剰性の網目とか、「決まりきった」組織――言いかえれば古典的秩序――を一変させることができるようなわずかの分岐、分子的切断をもたらすということ。そして他方で、詩的機能は、この同じ過剰性の連鎖のなかから一定の断片を選びだし、その断片に私が先に喚起した意味を欠いた《ア・シニフィアン》記号としての実在的機能を付与して「リフレイン化」し、それを主観化（主体化）を「操作する」ためにはたらく毒性をもった部分的言表作用の断片に仕立てあげるということ。ここでは素材の材質などはどうでもいいことになる――反復音楽や日本の舞踏などはその好例で、マルセル・デュシャンの願望にしたがっていえば、それらは完全に「凝視者」の方にむけられているわけです。つまり、ここで根本的に重要なことは、新しい実在的建造物の異種混交的構成要素を総体として把握させることのできる、時間性の獲得を誘発するリズムの勢いにほかならないのです。

さて、詩的機能のさらにその先で、主観化（主体化）の装置《ディスポジティフ》の問題が出てきます。もっと正確にいうなら、主観化（主体化）の装置が集列性《セリアリテ》――サルトル的な用語法における――から脱して、自己本質化とでも称するべきものを存在にとりもどさせる特異化の過程に入るために、そこにどんな特徴づけが必要とされるかという問題です。

私たちは、冷戦の対立構造が消えていく一方、私たちの生産主義的社会が人類におしつけている大きな脅威がますます顕著にあらわれてきつつある時代にさしかかっています。この地球上における人類の延命は環境の劣悪化だけでなく、社会的連帯組織や精神的生活様式の退廃的変質によっても脅威にさらされています。こういったものすべてを文字通り考案しなおさなければならないところまできているといってもいいでしょう。政治的なものの再構築は、環境と社会体と精神現象という三つのエコロジーに組み入れられた美的次元を経るかたちでなされなければなりません。大気汚染や、温室化作用による地球の温暖化に対する答えは、ものの考え方の変化や新しい生き方の技術の登場なしには考えることはできないのです。

しかし、世界中の飢餓の問題、あるいは第三世界における超インフレに解決をもたらすことなくしては、こうした環境問題における国際的規律を構想することはできないでしょう。また、さまざまな文化のちがいの尊重なくしては、主観性の再特異化や政治的・経済的民主主義の新しい考え方と連動するマスメディアの再構成——その利用方法の集団的な再獲得——を構想することはできません。さらに、女性のおかれている状態を良くするための大きな努力なくしては、人類の生活条件の改善を期待することはできないでしょう。分業システムの総体、労働の価値化様式やその合目的性を再考しなくてはなりません。生産のための生産、成長率をあげようという強迫観念は、資本主義市場であれ社会主義経済であれ、とてつもない不条理にいたりつくのです。人間活動の唯一受け入れ可能な合目的性は、世界との関係を持続的なやり方でおのずから豊かにしていく主観性の生産にあります。主観性の生産装置は、巨大都市のレヴェルでも、詩人のことば遊びのレヴェルでも、ひとしく存在しうるものです。このような主観性の生産の奥深いバネ——存在を自己創造していく意味の切断——を把握し発動させていくためには、今日、私たちにとって、おそらく、経済学や人文諸科学を寄せ集めたもの以上に詩から教えられるところの方が多いのではないかと思われます。

どうもありがとうございました。

原注

（1） Daniel Stern, *The interpersonal world of the infant*, New York, Basic Book Inc. Publishers, 1985〔『乳児の対人世界』岩崎学術出版社〕.

（2） Francisco Varella, *Autonomie et Connaissance*, Paris, Le Seuil, 1989.

（3） Mony Elkaïm, *Si tu m'aimes, ne m'aime pas*, Paris, Le Seuil, 1989〔モニー・エルカイムはガタリと親密な関係にあったベルギーの神経精神科医。ブリュッセルの「家族・人間システム研究所」の所長で、家族療法のヨーロッパ・ネットワークの中心的人物〕.

（4）「三つの基本的満足（快適なもの、美しいもの、善なるものに対する）のうち、美に対する嗜好の満足だけがただひとつ公平無私で自由なものであるということができる。というのは、美に対する嗜好は、感覚や理性の同意をとりつけようという関心はいっさい持たないからである」(Emmanuel Kant, *Critique de la faculté de juger*, Vrin, 1986, pp. 54-55)。

（5）《Le Problème du contenu, du matériau et de la forme dans l'œuvre littéraire》〔(「文学作品における内容、素材、形式の問題」〕In *Esthétique et théorie du roman*, Paris, Éd. Gallimard, 1978.

（6） *Op. cit.*, p. 72.

（7） *Op. cit.*, p. 73.

（8） *Op. cit.*, p. 74.

(9) 催眠術と暗示への「回帰」という主題については、つぎの論文を参照。« *Le cœur et la raison. L'hypnose en question de Lavoisier à Lacan* », Leon Chertok et Isabelle Stengers, Paris, Payot, 1989.

(10) Félix Guattari, *L'inconscient machinique*, Paris, Éd. Recherches, 1979〔『機械状無意識』法政大学出版局〕.

(11) オーストラリアのアボリジニーにおける神話的地図のなかの夢の役割については次の書物を参照。Barbara Glocewski, *Les rêveurs du désert*, Paris, Plon, 1989.

3　エコゾフィーの展望——沖縄講演（一九九二年一月十四日）

はじめに――ガタリ氏の概念用語について

ガタリさんの文章は構文としてはそれほどむずかしいものではありませんが、概念が非常にむずかしいので、とおりいっぺんに訳したのをお聞きになってもあまり理解できないのではないかという危惧があります。そこで、最初に、ガタリさんがよくつかうキーワードを若干ご説明したいと思います。

まず、今日の講演タイトルにつかわれているエコゾフィーというのは、三つのエコロジーの節合をひとつの言葉で言い表わしたものです。日本で一般にエコロジーといいますと、自然保護や環境汚染の問題が優先的に語られます。実際、それは大きな問題として重みを持っているわけですが、環境の問題を環境の問題としてのみ解決しようとするのは不可能である、つまりそれにくわえて、社会のさまざまな関係の改変、それから人間の心のあり方を変えていくというような、この三つのレヴェルを組み合わせて考えないと正しい解決ができないのではないかというのがガタリさんの基本的な考え方です。そして、その三つの概念を組み合わせた考え方をエコゾフィーと名づけています。エコゾフィーというのはエコロジーという環境の生態を考える学問の流れとフィロゾフィー、これはもちろん哲学と訳されていますが、それを組み合わせた造語です。あえて訳せば「環境‐生態的哲学」とでもいえるかと思います。あらゆるレヴェルにおける生態、環境の生態にくわえて社会の生態とか心の生態を組み合わせて考えるというところにガタリさんの特徴があります。今日の演題は「エコゾフィーの展望」となっておりますが、ガタリさんはあらゆるジャンルを横断して考える人ですから、内容は哲学、社会学、政治、経済、文化、精神分析、記号論、言語学など多様なジャンルの用語を組み合わせたものとなっています。

　これからのお話のなかに聞き慣れない熟語が出てきますので、簡単にご説明しておきたいと思います。まず一般に言表行為と訳している言葉は、フランス語でエノンシアシオン(énonciation) という単語ですが、ガタリさんはこの言葉をディスクール (discours) という言葉を避けるためにつかっています。精神分析や哲学、あるいは社会科学の潮流として構造主義が一九七〇年代のフランスでは非常に支配的でしたが、その基本的なキーワードはディスクールという言葉です。これは普通、言説と訳していますが、ガタリさんはこの用語を避けてあえてエノンシアシオンというちがう単語をつかっている。これはどういうことかといいますと、精神分析や構造主義は、ディスクールという概念をつかって社会や心身にかかわるあらゆる現象を意味の鎖の中にとじこめてしまった。つまり表現記号《シニフィアン》の世界に全部読み変えてしまう。すべては言語として読解できるものだというかたちで構造主義はディスクールに至高の力を与えてしまうのですが、ガタリさんはそれに対して批判的な活動をしてこられたわけです。つまりどうしてエノンシアシオンという言葉をつかったかといいますと、たとえば言葉にならないもの、あるいは意味を欠いた行為とか現象は世の中にたくさんあるわけです。通常の意味作用からはずれてしまったもの、どうにも理解できないものがたくさんあります。そういうもの全部を含めて表現行為の基本的な機能単位を考えなおしていこうというわけです。それを言表行為《エノンシアシオン》といっています。それは必ずしも言葉の世界だけにかかわるものではない。つまり通常の既存の意味のシステムからはずれた多様な表現の基本的な機能単位みたいなもの、そういったものをふくめて言表行為という概念で指し示そうというわけです。

次に実在的という言葉がよく出てきます。実際に存在するという意味ですが、フランス語の原語はエグジスタンシエル（existentiel）という言葉です。これはかつてフランスの思想家サルトルによって有名になった実存主義（existentialisme）を想起させます。しかしガタリさんのつかい方はもうちょっと能動的なニュアンスがあるようです。実在的というのは現実をつくり出すということ、現実そのものではなく、現実を生産するとかあるいは主観性を生産するということです。人間が本当に存在し、社会が存在するために自分自身の主観性を生産して人間は生きているわけですが、そういう意味で、実在的という言葉をつかっているようです。

次に主観性（subjectivité）という言葉ですが、われわれに馴染みやすい言葉でいえば主体性という言葉があります。しかしこれでは非常に狭い意味になってしまうので、私はあえて主観性と訳しております。われわれのものの考え方というのは、たとえば湾岸戦争のとき露骨に示されたようにマスメディアによって画一的につくられてしまう。それに対して自分たちの新しい主観性を旧来の概念を打ち破ってつくり出していかなければならない。主観性には二面性があり、放っておけば外からの影響で画一的につくられてしまうが、しかし実は自分たちが自分たち自身の主観性を独自に生産していくということによってしか現代社会の矛盾をこえられない。こういう意味で幅広い概念としてつかっています。ガタリさんのいう主観性には、一般に主体性という日常的な日本語で表現されているものとはちがって、人間の主観性は前個人的なレヴェルから超個人的なレヴェルにいたるまでの非常にさまざまな要素によってつくられているという考え方がふくまれています。つまり人間は生まれたとたんに、まだ何も社会を意識化していない段階からいろいろな影響を受けるわけです。そしてまた世の中に出てから多種多様の影響を受けてこの主観性がつくられていく。そういった全体的なプロセスの働きをとらえる概念として主観性という言葉をつかっているわけです。

次に美的という言葉があります。これはフランス語でもエステティックという言葉の翻訳語ですが、ここでガタリさんが言っているのは、なにかが美しいとか、醜いとかいったレヴェルの話ではなくて、まさに主観性を新しく生産していくための重要なモチーフになるのは何か、そこにはまさしく人間の感性的なもの、感受性の問題が非常に大きくかかわってくるということです。したがって、ここで美的というのは感性的なというか、対象ではなくて、受容主体の方に力点をおいた概念としてつかわれています。ガタリさんは、社会的な問題は社会的なレヴェルだけではカタがつかない、それは美的な問題としても考えられなければならないという考え方をもっています。つまり旧式の社会に対するとらえ方、社会の問題は社会の言葉で語っていけば矛盾は解決していくだろうという考え方に対して、社会は社会の言葉だけでは解決しない、それは美的（感性的）な次元、つまり人間の内面にあるものがそこに絡まってこないと新しい展望がひらけないと主張しています。ですから美的という言葉が出てきたら、そういう感受性的なものと考えてください。

それから特異性とか特異化という言葉が出てきます。原語はサンギュラリテ（singularité）というフランス語の概念ですが、単純な使い方では、奇妙なものとか風変わりなもの、といった程度の意味です。しかし、ガタリさんはこの言葉に独自のニュアンスをこめてつかっています。これはガタリさんが最近もっとも強調している概念で、旧来の意味の体系、既成のイデオロギーや社会観にどうやって新しい破れ目をつくっていくかというときに、みずからが特異なものとして変身していくということ、つまり個人レヴェルでも集団レヴェルでもみずから特異なものになっていって、既成の網やマスメディアに支配された体系から破れ目をつくって抜け出していく、そういうプロセスのことです。単に何か変わったものが固定されてそこに存在しているというのではなくて、人間が個人的かつ集団的に、何か既成の文脈からはずれたものをみずからつくり出していくという過程のことです。そういったプロセスを指し示すのに特異性とか、特異化という言葉をつかっています。ガタリさんは資本主義はもちろん、最近までのソ連の社会主義においても、資本や権力はすべてを等質化してしまう、すべてを同じようなものにしてしまうということを批判してきました。あらゆる町や人々の心などを相互に似通ったものにしてしまう。そういう現象に対するアンチテーゼとして、人間が個人的かつ集団的に異種としてまざり合う特異性＝特異化のプロセスから、新しい世界ヴィジョンが出てくるのではないかと考えているわけです。

　それともう一つ、スキゾ分析（分裂症分析）の地図とか、地図作成という言葉が出てきます。この場合の地図という言葉の用法は、たとえば沖縄の地図があって、ここに島があり海がありという話ではありません。もちろんイメージはそれと関連させていいんですが、同時にそれは概念や感性の地図なんです。人間が世の中のことをさまざまなレヴェルで考え、感じとってきた概念や感性の地図があるとすると、そこにおいて何と何が関係しているか、ある概念と別の概念とのあいだにどのくらいの距離があるか、どんな結びつきがあるか、そういったもの全体を地図といっているとお考えいただいてけっこうかと思います。

まだ若干言い落としたこともありますが、そろそろガタリさんの講演に入りたいと思います。（通訳者＝訳者談）

今日の会を組織してくださった皆さん、それから会場にお集まりの皆さん、すべての方々に感謝いたします。いま私は、ちょうど地球の周りを人工衛星がぐるぐる回っているような感じがしております。ほかの衛星が来るとそこでドッキングするわけですが、そんなふうな感じで皆さんを受けとめたい。こういった異質の初めての方たちとの出会い、特に直接皆さんとこんなふうにコンタクトを持つことは非常に意味のあることだと思っております。

今日の講演のタイトルを「エコゾフィーの展望」と名づけておりますが、展望といっても、別に教条的に何かひとつの決まったものがあるわけではありません。われわれの社会で進歩的なものの考え方をしていこうというときの基本的なガイドラインといったものを提示したいということであります。

人間総体の意思革命を

現在、世界の地政学的な形状はフルスピードで変化しています。そしてその一方で、科学技術や生物学、コンピュータをつかったさまざまな試みや電子的な情報網、メディア、こういったものの全体からなる世界が、日々われわれの精神的なあり方を脅かし不安定なものにしています。第三世界の貧困やどうにも解決しがたいような人口問題、都市の組織の怪物的な増大と荒廃のさま、汚染による生物生活圏の密かな破壊、そしてまた新しいテクノロジー的条件に適合するように社会的経済をつくりなおすことができない現在のシステムの無能性等々、といった状況があります。これらすべての事態から考えて、人間の叡知を総動員しなければならないような状況にわれわれは置かれているのです。ところがそういった、おそらくわれわれを絶望の淵に導いていくかもしれないような歴史の加速度的変化の状況が、実はメディアが日々われわれにあてがってくる陳腐で幼稚なイメージによって覆い隠されているのです。

エコロジー的な危機は、結局のところ、社会的なもの、政治的なもの、実在的なものといった広範な危機に帰着していきます。つまり環境の問題は単に環境の問題に帰着するのではなく、そういった全体にかかわってくるものであります。したがって、現在ここで問題にされなければならないことは人間のメンタリティー、ものの見方や考え方、感じ方といったものの総体の意思革命を起こさなければならないということです。今までのわれわれのものの見方、考え方というのは、実は生産主義に依拠したあるタイプの発展を保証してしまっていますが、メンタリティーを変えることによって、そこに新しい革命を起こしていかなければならないということです。

したがって繰り返し問われるべきことですけれども、こういったメンタリティーをどうやって変えるのかということが最終的な問題として生じてきます。それは責任性の感覚を再び人間に与えなおすということです。責任性の感覚というのはどういうことかといいますと、人間がみずからの命を守っていくことと同時に人間以外のすべての生あるものの未来――たとえば動物種、植物種の未来、音楽や芸術や映画といった非身体的な価値の未来、あるいは時間に対する人間の関係の仕方とか、他者への愛や思いやりの気持ち、そしてまた宇宙のなかの融合感覚、そういったもの全体の未来を守るという責任性のことです。それを再び人間に与えなおすために、どのような社会的な実践を新たにつくり出さなければならないかが、問われていると思われます。

現在、古いイデオロギーや伝統的な社会的実践、政治的実践の価値が下落してしまった歴史条件のなかでわれわれは生きているわけですけれども、そういった状況にふさわしい集団的な合議・行動方法をどのように再構成していくかが非常に大事なことになってきております。その場合、注意しなければならないことは、こういった手段の刷新に、たとえば新しい情報的な伝達手段が寄与しうるということです。情報伝達手段というのは人間を画一化していくという面が批判的に強調されますけれども、しかしそういった新しく確立された情報的な伝達手段が、実はそのような新しい合議・行動のための手段の刷新にもつながるという可能性を排除してはいけないと思います。ただしここで注意すべきことは、そういった新しい情報的な伝達手段それ自体が創造性を持っているわけではないということです。

つまり、非常に断片的な小さな試み、たとえば今日のこの会のような試みをもとにして、新しい言表行為の集団的な動的編成が追求されなければならないと思われます。たとえば、世界を今までとちがった見方で見るとか、人間の存在様式をちがったやり方で明るみに出そうとかいった企てが、未来を切り開くものとして出てこなければなりません。そして、そういった個々の企てが互いに栄養を与えあいながら豊かにしあうことができるような可能性を追求しなければならないと思います。

ですからこれは、新しい認識の世界に近づこうということではなくて、むしろいまの人間の感じ方の様式をもとにしながら実在的な潜在性を変化させていく創造をしなければならないということ、あるいはそういった人間の実在的な潜在力を把握しなければならないということ、そういうことがむしろ大切だということです。つまり、こうした歴史を動かす主観的な要因を尊重するということと、それからもうひとつは、潜在的なもののエコロジー的な力を発揮させていくことによって倫理的な自由の飛躍をめざすということですが、こういった考え方は、超越的な瞑想の世界への没入といったような自分の殻の中に閉じこもることをもたらすものではないし、また政治的なアンガージュマンに対するあきらめをもたらすものでもありません。むしろ逆に、政治的な実践を新たにつくりなおすということを要請しているのです。

こうした私のいう拡大したかたちのエコロジー的な意識は、実はヨーロッパ各国にエコロジー運動の核として広がっている緑の党の、選挙を通しての宣伝の影響範囲をはるかに超えるものです。そしてこういった自覚は結局どういうところに帰着するかといいますと、原理的にいえば、生産のための生産というイデオロギーを再び問題にするところにつながるのです。価格と無益な消費主義のシステムに支えられた資本主義的な文脈において、利潤だけにかたよってしまったこの生産のための生産というイデオロギーを、このエコロジー的な考え方は問題にしていくことにならざるをえないわけであります。したがって、単にたとえばいまの官僚機構にとってかわって国家権力を掌握するというようなことではなくて、むしろそのかわりにどんなものを社会のなかに据えつけようとするのかを正確に考えて規定していかなければなりません。これがわれわれの大きな目標だと思われます。

国家の再定義と市場概念の見なおし

この点に関して、ふたつの互いに補い合う主題が進歩主義的な地図作成の新しい構成にかかわる未来の議論のなかで、特筆すべきものとして舞台の前面に登場してこなければならないと思われます。ひとつには国家を再定義するということ。つまり多種多様な要素をふくみ、時には矛盾した要素をふくみもつ国家的機能を改めて定義しなおさなければならない。そしてもうひとつは、市場の概念をいままでとはちがうかたちにつくりなおし、同時に経済的な諸活動全体を主観性の生産を中心につくりなおさなければならないということであります。

国家機能の官僚化や硬直化、あるいは全体主義への移行は、単に東側諸国だけではなく西側の資本主義といわれている国々にもかかわるものであり、また第三世界の国々にも非常に大きく関与しているものでもあります。かつてローザ・ルクセンブルクやレーニンが指摘した国家権力の退廃は、今日、以前にもまして切実な事態となってきています。共産主義運動はご存知のように信用を失ってしまった。共産主義運動だけではなく、社会民主主義的な運動もこれより規模は小さいながらも同様に信用を失ってきています。これはなぜかといいますと、あらゆる領域における国家主義のもたらす災いに対して有効に闘うことができなかったからです。そしてそのようなイデオロギーを標榜していたさまざまな党自身が、時とともに国家機構の付属物のようなものに変わってしまったところに原因があるのです。現在、ご存知のように、主観性の置かれた最悪の状況のなかで、さまざまな民族問題が再び出現し、民族排外主義、原理統合主義、人種的ないがみ合いといったような事態が生じてきておりま す。これはなぜかといいますと、抽象的で非現実的な国際主義にとってかわって、現状に適した連合主義的な対案がいっこうに提案されてこなかったためであると思います。

世界市場といういわば新自由主義的な神話が、ここ数年来驚くべき影響力を獲得してきております。この新自由主義的な世界市場という考え方は、いかなる経済的な集合体も自らの法則に従いさえすれば、ただちに諸問題は魔術によるがごとく解決されてしまうという考え方であります。しかし、たとえばこういった世界市場に入り込めないアフリカの諸国家は経済的に伸び悩みを宿命づけられ、したがって国際的な支援をずっと乞い続けなければならない状況に置かれるわけです。

またブラジルのような国家の場合、抑圧された人々の抵抗運動は存在し続けているわけですけれども、世界経済や超インフレとの関係で非常に不安定な状況に置かれています。そしてまたチリとかアルゼンチンといった他のラテンアメリカの国々も、IMFの通貨至上主義的な要求に従っているためにインフレを多少抑制したり、財政の健全化を多少はかることができても、それと引き換えに人口の八〇パーセントにも及ぶ人々をはかりがたい貧困のなかにおとしいれているという状況にあります。実際には、ひとつのヘゲモニーに支配された世界市場が存在するのではなく、権力構成体と同じ数だけの各部門別の市場が存在しているのです。たとえば金融市場、石油市場、不動産市場、軍備の市場、麻薬の市場、はてはNGOの市場にいたるまで、こういったものは同じ構造や成り立ち方をしているわけではありません。こういったさまざまな市場は、その市場を維持する権力構成体の相互のあいだに確立された力関係を通してしか、互いに折り合いをつけることができない類のものであります。

今日、新しいエコロジー的権力の構成体が登場してきて、エコビジネスと呼ばれるような産業がいままでとはちがう別の資本主義的な市場の内部でその位置を占めつつあるという状況があります。しかし、世界市場のもたらす災いに対して受動的に異議申し立てをするよりも、むしろ、これまでの資本主義的な同質化傾向のかたよりをただすような、異質の価値のシステムがそれ自身の力で新しい力関係の中で確立される必要があると思われます。たとえば芸術的な動的編成というのは、財政的なマーケットに従わざるをえないという状態におちいらないようにみずからを組織しなければなりません。また教育の市場にしても、国家の規定する市場に対する絶対的な依存状態にとどまっていることはできないと思います。つまり、いままでのメディア社会を超えた新しい社会の伝達コミュニケーションの質を価値化した、新しい市場が発案されなければならないのです。したがって、資本主義が世界市場を同質的なものに価値化していくといった途方もない非合理性を吹き飛ばすということは、すなわち、われわれが現在立ち会っている、内部から破裂していくような変化を横断して存在している社会的な動的編成や実在的な領土の新しい価値の世界に、一貫性を与えるということにほかならないのです。

たとえばフロイト的な欲動という概念がありますけれども、欲動に代わってむしろ機械というものについて語る。あるいはリビドーというものに代わって、むしろいろいろな流れというものについて語る。あるいは自我とか転移といったような精神分析における非常に古典的なレヴェルの話よりも、むしろ実在の領土といったようなことについて語る。あるいは無意識のコンプレックスとか昇華の概念といったフロイト的な無意識理論について語るよりも、非身体的・抽象的な世界について語る。あるいはいわゆる構造言語学でいう表現記号《シニフィアン》について語るよりも、むしろ非常に混沌としたなかで相互浸透している流動的実体みたいなものについて語る。あるいは世界を上部構造と下部構造に切り分けて考えるよりも、むしろさまざまな存在論的広がりというものを円を描くようにはめ込んでいく。こういった私の発想というのは、必ずしも単に言葉の問題にとどまるものではありません。つまり、こういった概念的な用具は、可能性の世界を閉じたり開いたりするものであり、潜在的な世界を作動させる触媒になるのです。一般にこのような概念用具の実際的な影響は予見できない、はるか遠くにある、なかなかよくわからないと考えられています。しかしながら、このような概念は、たとえば他のちがう概念に継承されて、それがちがう目的のために将来つかわれるかもしれない。そしてこのような概念が新しい分岐、新しい世界をつくりだすことになるかもしれない。そういったことは誰にもわからないわけであって、したがって可能性を秘めているといえるのです。

エコゾフィー的地図作成の行動を

こういった新しいエコゾフィー的な地図作成とか、旧来の科学の概念をふくみながらそれを超えていく超モデル化の試みは、たとえば大学において生産されている概念よりも一方では控えめであると同時に、他方ではそれより大胆で果敢なものであると思います。それはどういう意味かというと、この新しい試みは旧来の科学的な基礎にあぐらをかいて、その永続性を求めるというような考え方を一切放棄しなければなりません。つまり永続性に固執しないから控え目です。しかし他方で非常に大胆果敢であるというのは、現在、機械的な世界の変化とその主観的な資本主義化といったふたつのものの間で演じられている異常なまでの速度競争に、この試みはいやが応でも首を突っ込まなければなりません。したがって当然その影響をこうむることにもなります。つまりそういう意味で、非常に大胆果敢なものであるということにならざるをえないわけです。

したがって、社会的な実践、美的な実践、分析的な実践、しかも新しいかたちのそういった実践に参加していくには、人間の思索的な想像力の、ある強度の敷居を越えなければならないということになるのです。そして、その思索的想像力は単に専門化された理論の思索的想像力だけではありません。たとえばエコゾフィー的な対象の複合性に固有の、混沌たる様相で相互浸透していくような横断性といったものがいまわれわれを取り巻いているわけですが、それに対置されている言表行為の動的編成の思索的想像力のレヴェル、つまりどのような表現単位の組み合わせを作っていくかといった想像力のレヴェルにおいてもある強度の敷居を越えていかなければならないということになるのです。精神だとか社会体《ソシユス》とかいったものの非常にミクロな要素と同時に、たとえば生物世界や機械世界といったグローバルな世界の運命にもかかわるこういった倫理的・政治的な選択を掘り起こしていくということは、すなわちあらゆる領域に存在している価値体系の様式の存在論的な基礎を、たえず新たに問題にしなおしていくことを要請されてくるわけです。

こういったエコゾフィー的な地図作成の活動は、非常に多種多様なやり方で具体化することができます。たとえば、その具体的な例としては精神分析における面接や精神療法のひとつとしての家族治療の場面、制度分析の実践としての集い、あるいは社会的な問題の専門家からなる団体の活動や地域のネットワークづくり、こういったものによって地図作成は行なわれていますけれども、私から見るとこれらの方法においては、いささか歪んだやり方でその地図が提供されていると思われるわけです。

いま申し上げた精神分析とか家族治療、あるいは地域社会のネットワークづくり、こういったものすべてにわたる共通の特徴は、それが言葉による表現であるということです。そして、今日、たとえば精神の問題、恋人とか夫婦といったカップルの問題、家族の問題、時間や空間との関係、あるいは動物世界との関係、音との関係、造形芸術に見られる造形された形との関係といったようなすべてのものは、確かにいま改めて語りなおさなければならない位置に置かれております。しかし、私が展開しているエコゾフィー的なアプローチやスキゾ分析的アプローチというのは、単に言葉による表現のレヴェルにのみ依拠するものではまったくないのです。たとえば言葉というのは、おそらくそういった場合のもっとも大事な媒介手段のひとつであろうと思われますけれども、しかしそれは唯一の媒介手段ではありません。つまり意味作用の鎖を切断してしまうもの、たとえば人間の姿勢や顔面の表情、あるいは空間的な配置やリズム、あるいは通貨交換に見られる意味を欠如したような記号の生産、あるいは記号一般の機械的な生産といったすべてのものが、私の提唱しているこの分析的な動的編成のなかに組み入れることができるのであって、またそうしなければならないのであります。

たとえば、芸術的な創造活動との関連でいうならば、ある行為を繰り返しているうちにそれが自立化して特異化を遂げていくときに、自分が自分しか参照せず自己の完成を求めていくといった実在的な繰り返しによって、ひとつの新しい世界が生まれますが、言葉はそういった実在的な繰り返しの支えになりえます。しかし、そのかぎりにおいて、こういった分析のなかに介入してくるのにすぎません。そういう場合に、初めて言葉の介入資格が出てくるのであって、言葉がそれ自体としてすべての分析の共通の道具になるということはないということです。

したがってエコゾフィー的な地図作成の第一の目的は、何かを意味したり何かを伝達したりするというところにはありません。そうではなくて、いわばある状況の特異点をキャッチするのにふさわしい、そういった言表行為の動的編成をつくり出すというところにあるのです。このような展望のなかにおいては、たとえば政治的・文化的な性格を持った会合は、必然的に精神分析的な性格をおびることになり、逆に、精神分析的な作業は、多種多様のミクロ政治的な領域のなかに足場を作らなければならないということになってくるわけです。したがって意味の切断、あるいは意見のちがいといったようなものは、たとえばフロイト主義的な精神分析でいわれている病的兆候とまったく同じ資格において、特権的なひとつの原材料になるのです。したがってエコゾフィー的な言表行為の私的、あるいは公的な舞台においいては、そういった「個人的な問題」が闖入してくることが可能にならなければならないのです。

この点に関連して非常に印象的なのは、たとえばフランスのエコロジー運動はきわめて多様な要素から成り立っていますが、根本的な領域を活性化することができないまま現在に至っていることが最近顕著になってきているということです。

フランスのエコロジー運動は、環境的・政治的な次元における言説《ディスクール》の世界に没入してしまっています。たとえばフランスのエコロジストに、そのエコロジストが住んでいる街の界隈の浮浪者を援助するために、あなたは何をするつもりなのかと訊ねた場合、彼らはだいたいそれは自分たちに関心のある問題ではない、管轄外の問題だと答えます。また、このエコロジストたちのつくっている限定された小集団の実践からどうやって抜け出すつもりかとか、あるいは彼らがとらわれているある種のドグマからどうやって抜け出るのかと聞いてみると、彼らの大半はそういった質問の妥当性はよく理解できるけれども、しかしそれにどのような解決をもたらすべきかということについては非常に当惑してしまうというのが現状です。

しかし実際のところ、そういったエコロジストにとっての今日の問題は、左翼と右翼に対して等距離を保つというようなことではありません。そういうことではなくて、進歩主義的なひとつの極をどうやって再創造するか、あるいはいままでとはちがった基盤の上に、どのような政治を打ち立てようとするのか、さらには公的なもの、社会的なもの、環境的なもの、あるいは精神的なものの相互の間を、横断的にどのようにつなぎなおすのか、といったことが問われているのです。

こういう方向に向かうためには、たとえば新しいタイプの合議の方法や分析の仕方が実験されるようにならなければなりません。多分それは、最初は、非常に小規模のレヴェルから出発して、やがてだんだんと大きな規模になっていくといったものであろうと思われます。したがってフランスのエコロジー運動は、たいへん将来性があるように現在語られておりますが、このエコロジー運動が主観性の集団的な動的編成というもののまったく新しい方向での活動を展開していかないならば、おそらくこれはまちがいなくいままで培ってきた信頼の資本などは全部失ってしまい、逆にエコロジー運動のなかにふくまれている技術的な側面や相互扶助的・連帯主義的な側面を伝統的な党派や国家権力によって回収され、そこに取り込まれてしまうことになるのではないかと思われます。したがって私が見るところ、エコロジー運動の最優先の課題は、エコロジー運動自身の社会的・精神的なエコロジーに真剣に目を向け取り組むということではないかということです。

ジレンマに立つ芸術家

芸術の地図はどんな社会においても、その骨格をなすもっとも大切な要素のひとつでした。ところが芸術が専門的な業者団体の手で左右されるようになってから、それは副次的なもの、魂の付録のようなもの、いわば脆弱な上部構造としてあらわれるようにもなり、次から次へと死滅していくことを宣告されてきたのです。しかしながら、ラスコーの洞窟画から中世の寺院建築の開花を経てマンハッタンの美術街ソーホーにいたるまで、芸術は、個人的・集団的な主観性の結晶化のための不可欠の試金石でありつづけてきました。

芸術は社会全体のなかで骨格をつくられるけれども、みずからの力でもってしかみずからを支えることができない。つまり生産されたひとつひとつの作品は二重の宿命的目標をもっているのです。まずそれは社会の網状組織のなかに組み込まれ、社会はそれを取りこんだり打ちすてたりします。また他方でそれは、まさにいつ崩れ去るともしれぬ存在としての芸術の世界を顕揚しようとするのです。

芸術にこの衰滅しながら永続性を保つ力を付与するのは、社会のなかで陳腐に流布している形や意味作用と断絶するという芸術独自の機能にほかなりません。芸術家、もっと一般化していうなら芸術的知覚というものは、現実の断片を既成の文脈から引きはがして脱領土化し、それに部分的言表行為をつくり出す役割を演じさせるのです。芸術は知覚された世界の部分集合に意味と他（者）性の機能を付与します。こうした芸術作品のほとんどアニミズム的な言葉の獲得の仕方は、芸術家ならびにその「消費者」の主観性をつくりなおすという結果をもたらすのです。結局、芸術作品において肝要なことは、ともすると自己同一的な集列性のなかに没して、幼稚化し、無に帰着する傾向におちいりがちな言表行為を稀少化するということなのです。芸術作品というものは、それを活用する者にとって、既成の枠づけをはずしたり、意味を切断したりする企て、あるいはイメージをバロック的に増殖させたり、逆にイメージを極度に稀少化したりするという企てにほかならず、それが主体を主体自身の再創造や再発明へとみちびいていくのです。芸術作品にあっては、ひとつの新しい実在的な支柱が、再領土化（リフレインの機能）と再特異化という二重の作用領域に応じてゆれ動くところとなります。芸術作品との出会いという出来事は、実在の流れに不可逆的なかたちで新しい区切りをつけ、日常性という「均衡のとれた世界」からかけ離れた可能性の領野を触発的に生みだすのです。

このように芸術を実在的機能という角度——すなわち意味作用や明示的意味との断絶とい

う観点――からとらえたとき、通常の美的カテゴリーはその妥当性を大部分失ってしまいます。「具象」であるとか「抽象」であるとか、あるいは「概念主義」であるとかいったような分け方はほとんど無意味になってしまうのです。大切なことは、ある作品がひとつの突然変異的な言表行為の生産に実際に寄与しうるかどうかなのです。芸術的活動の焦点はつねに主観性の生みだす剰余価値であることに変わりはありません。あるいは、別の言葉でいいかえるなら、平凡な環境世界のなかにおいて負のエントロピーを明るみに出すということです。というのも主観性の一貫性は、主観性が最小限の個人的もしくは集団的な再特異化という道を通してみずからを刷新することによってしか維持されないものだからです。

芸術作品の消費の飛躍的発展という現象をわれわれはここ数年目のあたりにしているのですが、しかし、この現象は都市化という文脈のなかにおける諸個人の生活の画一化の深化という現象と関係づけて考えてみなければならないでしょう。ただ、こうした芸術的消費の、ほとんどヴィタミン摂取にも似た機能は決してひとつの方向にだけむかうものではないことも強調しておかねばなりません。それは画一化の方向とならんで、たとえば主観性の分岐をひきおこす作用因子としての役割を果たす方向にもむかいうるのです（この二面性はロック文化のひろがりにおいて特に顕著にあらわれています）。いま、ひとりひとりの芸術家がぶちあたっているのはまさにこのジレンマにほかなりません。すなわち、たとえば前衛至上主義者やポストモダン主義の提唱者などが奨励するように「流行の方向」にむかっていくのか、それとも、多くの人々からの無理解や孤立は覚悟のうえで、社会体《ソシュス》の他の刷新的な諸断片と接続しながら美的実践の刷新に取り組むのか、というジレンマです。

もちろん、創造の特異性や潜在的な社会変化の特異性を丸ごとつかみとることができるかどうかはまったくわかりません。しかも、現代の社会体のあり方は、この種の美的かつ倫理‐政治的な横断性の実験にほとんどといっていいほど向きあおうとしていないことも認めなければなりません。しかしながら、だからといって、いま地球全体にひろがっている巨大な危機――失業の慢性化、エコロジー的荒廃、利潤や国家にのみ依拠するがゆえに生じている価値化の様式の異常性など――が、美的構成要素のこれまでとは異なった位置どりへの道に通じることがないとはいえないでしょう。これは、単に、失業者や「周辺化された人々」の自由時間を文化センターでみたすといったような話ではありません。そうではなくて、科学や技術や社会的諸関係の生産そのものが美的パラダイムの方にむかって向きを変えることを要請されるだろうということなのです。

この点に関して、私は、イリヤ・プリゴジンとイザベル・スタンジェールの最近の共著

『時と永遠のあいだ（*Entre le temps et l'éternité*）』〔『三つのエコロジー』の原注3参照〕への参照を示唆するにとどめたいのですが、その本のなかで彼らは、物理学のなかに「物語叙述的要素」を正真正銘の進化の概念を理解するために不可欠のものとして導入する必要性を喚起しているのです。

主観性の再発明が課題

今日、われわれの社会は崖っぷちに立っています。われわれの社会が生き延びていくためにはさまざまな研究や新しい創造を発展させていかねばならないと思います。そして、文字通り美的な性格をもった切断と縫合の技術を考慮するということが重要です。そういった切断と縫合の技術に見合うだけの領域がわれわれのなかに存在しているのです。

こういった美的、あるいはエコゾフィー的な対象がどのような機能を果たすかといいますと、たとえばあなた方がこのような美的プロセスに個人的にでも集団的にでも結集していくことができるとすれば、そこにおいては何かが既成の文脈から身を引きはがして、その何かがそれ自身のために作用し始めるのです。既成の文脈から身を引き離した美的なプロセスが、その美的プロセスそのもの自身のためと同時にあなた方自身のために、この両方の意味において機能し始めるということになるのです。

こういった新しい問題のたて方は、制度にかかわるあらゆる領域に関係するものです。たとえば学校の問題ひとつとってみても、一つのクラスを芸術作品としてどのように生かすことができるかという問いが出てきます。たとえばクラスを構成する子供たちの「実在化」の源になる特異化への可能性の道は、どういうところに見出すことができるでしょうか。かつて私が「分子革命」と名づけたこうした非常に微小な主観性の創造レヴェルにおいて、第三世界がまさにこれから掘り起こしの試みに値する宝物を隠しているのではないかと私には思われます。

大学のなかにおいては、ありもしない科学的な客観性の名のもとに主観性の体系的な拒否があいかわらず支配しております。構造主義が栄えた頃、主体というものはその多種多様の異質混成的な表現のマチエールから方法的にひきはがされてしまったのです。しかしいまや、イメージや記号、人工知能などの機械的な生産を、主観性の新しい素材として再検討しなければならない時期にさしかかっているのであります。

皆さんご存知のように、中世においては芸術や技術はたとえば生き延びた修道院のなかに隠れ家を見つけてきたという歴史があります。そして今日では、こういった実在にかかわる本源的な諸問題が最終的に重なりあう奥深いひだのようなもの、そういったものを宿しているのは、おそらく芸術家だと思います。たとえば新しい可能性の領域をどのように整備していくのか。音とか形といったもののすぐ傍らにある主観性がつねに活発な生命力を保ち続けるためには、音や形をどのように組み合わせなければならないか、こういうことを考えなければならないわけです。

現代における主観性というのは、たとえば自分自身の殻のなかに閉じこもってしまうとか、マスメディアによって非常に幼児化してしまうとか、あるいは人間にかかわる領域のみならず宇宙との関係の領域においても、他者性とか異質性に無理解なまま取りとめもなく生き続けねばならないということを宿命づけられているわけではありません。ただ、主観性の生産様式というのは、創造的な目標がみずからの手に届く範囲にあらわれることがないかぎり、その資本主義的な同質化の包囲網から抜け出ることはできないのです。

したがってここで問題になっているのは、人間活動全体の究極目標は一体何だろうかということであります。現在、たとえば物質的・政治的な権利要求などを超えて、個人的・集団的な主観性の生産の再獲得に対する強い願望が生まれてきています。価値の存在論的な異質混交性が、現在さまざまな政治的重要課題の結び目になりつつあります。そして現在の政治的な課題は、地域的なものとか直接的関係、あるいは環境、社会組織の再構成、芸術の実在的な広がりなどに非常に深く関与していますが、現段階ではこれをうまくとらえそこねています。しかし、そういったものの結び目に、価値の新しい異質混交性が登場しつつあるということです。

混沌のなかで相互浸透作用が行なわれるというエコゾフィー的な探究の仕方、つまり科学的なエコロジー、政治的なエコロジー、環境的なエコロジー、あるいは精神的なエコロジーといったものを相互に結び合わせるエコゾフィーの探究は、これまで、社会的なもの、私的なもの、市民的なものなどをまちがったやり方で区別して壁を設け、政治的なもの、倫理的なもの、美的なものの間に横断的に貫通する結合を打ち立てることが根本的にできなかった古いイデオロギーにとってかわりうるのだと、いまこそ主張することができなければならないのです。

しかしここで明らかにしておかなければならないのは、私は別に社会体《ソシュス》というものを美的に論じようということを言っているわけではないということです。そうではなくて、結局のところ、こういった新しい美的パラダイムの促進は、現在の芸術的な形態とか社会生活の形態を一変させる方向に必然的にむかわざるをえないということを論じているのであります。

私は未来に手をさしのべているのです。たとえば、あらかじめすべては決まっていると考えるのか、あるいはすべてはやりなおしがきく――すなわち世界は別の価値座標をもとにして再構築できるし、そのために別の実在の領土をつくり出さなければならない――のだと考えるかに応じて、私たちの生き方は、機械仕掛けのような確かさによって刻印されるか、あるいは非常に不安定ながら創造的な要素をおびるかというちがいが生じてくるでしょう。

現在、地球という惑星がさしかかっている非常に大きな試練、これには、たとえば世界中の雰囲気が息苦しいということも含めて、いろいろなことがあります。それはしかし一方で、生産や生活様式、価値の基軸といったものの変化をその内部にふくんでおり、そういう変化が実際に生じるかもしれないのです。たとえばラテンアメリカにおいては、数十年間で三倍も人口が増えてしまう、あるいはアフリカではそれが五倍に増えてしまうといったような人口の急増は、何も生物学的な宿命的呪いのようなものに由来するものではまったくありません。経済的なファクター、つまり権力のファクター、最終的には主観性のファクター、あるいは文化的、社会的、マスメディア的なファクターが、実は人口問題などの鍵を握っているのです。

第三世界の未来は、まず第一に、第三世界が現在荒廃の一途をたどっている社会的な組織のコンテクストに沿いながら、みずからの主観化（主体化）のプロセスを取り戻す能力いかんにかかっているのです。たとえばブラジルでは、西部劇もどきの資本主義、ギャングと警察の荒々しい暴力が見られる一方で、労働者党の領導のもとに興味深い社会的実践の企てが共存するという現象がみられるのであります。

この二十世紀末を暗くしているこういった霧のようなもの、あるいは毒性のガスのようなもののなかで、主観性の問題が非常に大きな中心テーマとして再び回帰してきています。回帰してきているというのは、つまりこの主観性の問題は一九六〇年代に一度、大問題になったことがあり、しかしその後、舞台の前景から影をひそめていたからです。いま再びこれが大きな問題として戻ってきているのです。空気や水と同様に、主観性というのは自然的に与えられた条件ではありません。

どのように主観性をキャッチするか。そしてどのように主観性を豊かなものにするか。いま活発に変異をとげつつある価値の座標と両立するかたちで、どのように主観性をたえず再発明していくかといったことが問われているのです。主観性の解放すなわち主観性の再特異化のために、どのように力を傾けることができるかを考えなければならないのです。

精神分析や制度分析、映画、文学、詩、新しい教育法、あるいは創造的な都市計画や建築、こういったものすべてが、精神が内部からこわれ、カオス状のけいれんがひろがっていくようなあらわれ方をしている現在の荒々しい試練を振り払って、そういった状況を豊かさと喜びの世界に変えるためにみずからの創造性を互いに結合させていかねばならないだろうと私には思われます。そして、そのような事態の到来は予見できないとはいえ、いずれ手応えを感じるほどには確実なものになるのではないでしょうか。

どうもありがとうございました。

（『新沖縄文学』九十一号より）

訳者あとがき――特異なエコロジスト、フェリックス・ガタリ

本書は Félix Guattari, *Les trois écologies*, Éditions Galilée, 1989 の全訳に、ガタリが日本（大阪と沖縄）で行なった二つの講演を加えたものである。なお、『三つのエコロジー』の原著はガタリ単独の著作としてはめずらしく増刷をかさね、今年の初めには新版も刊行されている。

1　エコロジーのアクチュアリティ

今年の七月に北海道の洞爺湖畔で開かれることになっている（この本が出版される頃には終わっている）G8サミットの主題は「環境問題」である。環境と聞いてエコロジーと連想する人は少なくないだろう。たしかに、この二つの言葉は、相互に響き合いながら、日本社会にもこの二、三十年で十分に定着してきたように見える。しかし、記号表現としては定着していても、その意味内容となると、かなりあやふやであることは否めない。それ

は、これらの言葉が、生活言語として人々のあいだになじんではいても（たとえば、環境破壊、環境保護、環境政策、あるいはエコビジネス、エコバッグ、エコツアー等々の多くの派生語をともなって）、その思想言語としての奥行きが定かではない、あるいは社会的に共有されていないからであろう。

とりわけ、エコロジーという言葉は、一九六〇年代以降の先進諸国の急速な経済成長を背景として、資本主義の生産至上主義や、それと連動する消費社会の矛盾や悪弊を正そうとする動きのなかから広がり始めた言葉である。つまり、生態学あるいは生態系を指す言葉としては十九世紀後半から二十世紀初頭にかけてすでに存在していたにしても、一九六〇年代から七〇年代にかけて改めて社会的思想言語として新たな意味を担って蘇った言葉と言える。この現代資本主義批判としてのエコロジー思想の展開に先鞭をつけたのは、昨年九月に死去したフランスの思想家アンドレ・ゴルツである。すでに一九五〇年代からこの問題に注目していたゴルツが、七五年に書いた論文「エコロジーと政治」と七七年に書いた「エコロジーと自由」を合わせた『エコロジスト宣言』という本が、日本でも高橋武智氏の訳で一九八〇年に出版されている。ゴルツはその後も一貫してエコロジー思想を基軸に独自の資本主義分析を展開し、最近一躍有名になったアントニオ・ネグリの編み出した諸概念にも影響を与えたが、そのエッセンスは今年の初めに『エコロジカ』という表題でフランスの出版社から出された本にまとめられている。

しかし、皮肉なことに、このような資本主義批判としてのエコロジーの思想や運動が登場した時期は、同時に、資本主義が新自由主義的グローバリゼーションを推進する初期微動を開始した時期でもあった。そして、周知のごとく、一九八〇年代から九〇年代にかけて新自由主義的グローバリゼーションが本格化し、世界を席捲するのにともなって、エコロジー運動も政治の表舞台に躍り出ることになった（たとえば、先進諸国における「緑の党」の創設や自然保護運動の高まり）のだが、その後エコロジー運動の少なからぬ流れは急速にグローバリゼーションの波に飲み込まれて雲散霧消するか、資本主義の自己調節機能のなかに取り込まれるかして、現在にいたっている。これは、エコロジー運動が、当初のラディカルな批判的機能を喪失して、資本主義の延命装置のなかに回収されつつあるということだ。そのような経緯のなかで、単に「温暖化」のみならず、水や森林や自然的食材など、人間生活の基本にかかわる地球環境は悪化の一途をたどってきた。

こうした現状のなかで、日本国における今回のG8サミットでも、前回のドイツでのサミットに続いて、「環境問題」を必須の課題として取り上げざるをえなくなっているのである。しかし、サミットについて事前に流れている情報から明らかなように、先進八カ国の首脳たちは、温暖化阻止のためのＣＯ$_2$排出規制の各国間の調整に関心があるのみで、新自由主義的グローバリゼーションの弊害をなくし、本格的に資本主義を改変していく意志はないどころか、CO_2の「排出権」の売買市場を想定したエコビジネス（環境産業）を推進しようとする企業との連携を図ろうとすらしている。

こう回顧してみると、エコロジー思想を資本主義批判の武器として精錬し続けてきたアンドレ・ゴルツが、ついに自殺して果てたのは、この時代を象徴する事件とも言えなくはないと思えてくる。いったい、エコロジー思想あるいはエコロジー運動とは、何だったのか。このまま朽ち果てていいものなのか。そうであってはなるまい。一見悲観的にならざるをえない現象に世界は満ち満ちているが、だからこそ、今、改めてエコロジー思想の真価が問われているのではないか。なぜ、エコロジーの思想や運動が新自由主義的グローバリゼーションに圧倒されて、ここまで退歩を迫られてしまったのか、このことをエコロジー思想が発現してきた原点に立ち戻って考えなくては、社会変革に向かって一歩も前に進めない状況にわれわれは置かれているのではないだろうか。まさにこの問題を考えるための最良のテクストが、ここに紹介したフェリックス・ガタリの『三つのエコロジー』である。

エコロジーとは、もともとは一般に生物と環境の関係を取り扱う学的分野のことである。しかし、この地球上の生物の最たる存在としての人間が、およそ全生物と環境との関係に多大の影響を与えるとともに、自然界のみならず社会的次元でもさまざまな変容をもたらしてきたのが近代の歴史である。そうであれば、この人間自身がつくりだした、人間と人間を取り巻くあらゆる環境との関係の変化こそが、人間の未来を規定するはずだ。それは単に自然環境にとどまる話ではない。自然環境にくわえて社会環境、さらには人間の内面のあり方にかかわる精神環境というものが、当然のごとくそこに関与してくるはずだ。こうした考えが、ガタリの言う「三つのエコロジー」の根源にある。

話はいささか飛躍するが、今年はフランスの「六八年五月革命」から四十周年の年である。本国フランスでは、全土を揺るがしながら「未完の革命」に終わったこの出来事を捉え直すためのさまざまな出版や催しが相次いでいる。ガタリといえば、六八年と切っても切れない関係にある。「五月革命」の伏線となったカルチエ・ラタンの学生運動に早くから介入し、その渦中にあってもオデオン座の占拠を領導するなど、当時すでに四十歳近くに達しながら、エネルギッシュな活動を続行していた。早い話、私がフェリックス・ガタリの姿を初めて目撃したのは、六八年五月のカルチエ・ラタンのオデオン座である。のちに、ガタリと大阪や沖縄で会ったときにも、六八年五月の話になると、彼は目を輝かせて、その経験を語ったものだ。彼がジル・ドゥルーズと出会ったのも、六八年直後のことである。その後、『アンチ・オイディプス』をはじめとする二人の共同著作が、一時期を画したことは周知のところであろう。そのガタリが、実は、八〇年代半ばからエコロジー運動に深く介入し、九二年の突然の死にいたるまで、自らの思想の着地点としてこの運動の新展開を推進しようとしていたことは案外知られていない。ガタリは、政治的エコロジー思想の先駆者アンドレ・ゴルツとは一味も二味も異なった角度から、この「エコロジー」という概念の全面展開を行なおうとしていた。その淵源は、社会のみならず「精神の解放」をも求めた六八年五月革命にあるのかもしれない。

前置きが長くなったが、まずはフェリックス・ガタリが、どのような過程を経て、エコロジー思想にたどり着いたか、その足跡をたどり直すことから始めたいと思う。

2　横断性・分子革命・エコゾフィー

フェリックス・ガタリは、一九三〇年生まれのフランスの精神分析医かつ社会運動家であるが、その活動のフィールド、発言のテーマ、関心の対象は、専門の精神分析の枠組みをはるかに超えて、政治、経済、哲学、社会問題、さらには文学や芸術等、文化全般におよぶユニークな存在であった。

そのような人間現象に対する彼の多角的観点の萌芽は、すでに幼年期にルーツを持つものらしく、ガタリは一九八五年に行なわれた青年時代からの友人ミシェル・ビュテルとの対話のなかで、次のように回顧している。

「あいつはいったい何をしているんだ。精神分析、哲学、政治など、何もかもいっしょくたにして、何になるというんだ。こういう苛立ちをともなった質問に出会ったら、私は自分の人生を振り返って、こう答えてみたいと思う。子どもの頃から、私はあれやこれやにバラバラの興味を持ち、いうならばかなりの程度分裂症《スキゾ》的であった。だから、いつもいつもやり直しの連続だった。私は家族との関係を一種の夢想のなかで生きた。勉強はたいていひとりぼっちでし、悪ガキ仲間とのつきあいはまわりからぶちこわされた。やがて私は詩や哲学に興味を持ち、さらに社会的・政治的活動に身を投じることとなった。私は自分の作風や関心事や役割をよく変えたりもした。そのため、家族のなかではピエール、別の世界ではフェリックスと、ちがう名前で呼ばれていた。とうとういおうか、ようやくといおうか、四十歳近くになって、私は私のあらゆる関心領域をカヴァーする能力をそなえたある友人をえて、彼といっしょに本格的なやり直しの仕事を始めることになった。記憶に残っているかぎり若い頃から、私は私を魅了するレヴェルの異なったさまざまな領域——科学哲学、論理学、生物学、サイバネティックス、政治活動など——を結びつけようという関心をつねにいだいていた。それにくわえて、もうひとつの領域が文字通り私の喉もとに突き刺さったのだが、それはひどい不安感の発作、癒しがたい実存的喪失感にほかならなかった。その後、私は幸運に恵まれ、すばらしい出会いをいくつか持った。ジャン・ウリとの出会いはラボルド精神病院という仕事と生活の場を私に与えてくれたのだが、ここは精神医学と精神分析の交錯を通じて革新的な実験が行なわれているところであった。さらに、ラカンとの出会いがあった。彼は知り合った最初の頃、私に対して注意深い配慮をともなった友情を示してくれた。〔……〕こうして、私は世の中の片隅に引っ込んでいるわけにはいかなくなるような多くの機会に恵まれた。さもなければ、私はおそらく神経症か精神病の世界に陥っていたであろう。あるいは、多くの知的な人間が陥ってしまったただの心理学や精神分析の専門家の道に甘んじていたかもしれない。あるいはまた、いわゆる活動家の道を歩んでいたかもしれない。〔……〕結局、私は、自分自身が発案した用語にしたがって言うなら、横断性の専門家——すなわち、しばしば相互にきわめて異質な専門領域のあいだに密かに貫通する無意識的諸要素の専門家——として自らを規定するにいたったのである。現在、私はエコロジストやオルタナティヴ運動の活動家、あるいは統一社会党のメンバーや元マオイスト（毛沢東主義者）たちとともに、多くの時間を過ごしている。また一方で分裂症分析《スキゾアナリーズ》という私の主要課題の研究を続行してもいる。さらに、暇を見つけては、できるだけ旅行をするようにしていることもつけくわえておこう」（以上の引用は、一九八〇年代前半の論文集、Félix Guattari, *Les Années d'hiver 1980-1985*, Éd. Bernard

Barrault, 1986 より。『闘走機械』杉村昌昭監訳、松籟社、一九九六年)。

ガタリ自身が語った、この箇にして要をえた彼の闘いの軌跡に、もう少し注釈をくわえておこう。まず、ガタリは一九五〇年代から六〇年代にかけて、フランス共産党の異端派(左翼反対派フラクション)と関係を持ち、それを回路としてアルジェリア解放闘争への支援やヴェトナム反戦運動にかかわった。その間、いわゆる「トロツキズム」の流れに身を置いていたわけだが、同時に六〇年代に入ると、制度のなかから制度を食い破ろうとする独自の実践的社会研究を開始し、さまざまなグループを結集しながら、政治変革と精神分析の変革の同時的遂行を志向するところとなる。そして、その過程で遭遇した六八年五月革命に決定的な影響を受け、以後、この五月の体験を反芻しながら政治と精神分析の横断的研究をすすめる一方、多様な文化領域への発言を活発に行なう。とりわけ哲学者ジル・ドゥルーズとの出会いから生まれた、『アンチ・オイディプス』(一九七二年)、『千のプラトー』(一九八〇年、いずれも邦訳は河出書房新社)をはじめとするドゥルーズとの共同作業の成果は、この六八年以降の思索の深化の過程で生じた特筆すべき業績と言えるだろう。先の引用で、ガタリは「四十歳近くになって、私は私のあらゆる関心領域をカヴァーする能力をそなえたある友人をえ」たと語っているが、その友人とは、むろんジル・ドゥルーズのことである(このあたりのガタリの運動遍歴、思想遍歴の詳細に関しては、フランソワ・ドス『ドゥルーズとガタリ――交差的評伝』杉村昌昭訳、河出書房新社、近刊予定、を参照していただきたい)。

ところで、ガタリは、やはり先の引用文中で、自らを「横断性の専門家」と規定しているが、のちには、たとえば肉体のある部分が宇宙とか大自然と「交差」するといったような、一種SFエコロジー的な「錯乱経験」なども指し示す(いわゆる「シュレーバー症例」のガタリ的解釈)特異な概念として展開されるようになる、この「横断性」という概念の起源について、若干ふれておかねばなるまい。私見によれば、ガタリの言う「横断性」とは、精神分析と制度分析との交錯から生まれたガタリ独自のキーコンセプトだと思われる。

一般に、社会的制度のなかにおいて、人間関係は形式上、垂直(上下)関係か水平(平等)関係に線引きされるが、実際にはこの縦軸と横軸とのあいだを斜めに横断する無数の内在的関係が存在する。この横断的斜線はすぐれて無意識的レヴェルの不可視の走査線のようなものであり、この無意識的な目に見えにくい交錯線の結合関係の諸様態を究明し、さらにそれをいわば社会的遺伝子操作に見立てて組み替えを図り、もって新しい集団的主体を確立しながら人間と社会の変革をめざそうというのが、ガタリの革命戦略であったと言っていいだろう。

もともと、一九五〇年代から六〇年代にかけて、ラボルド精神病院で医師としての実践活動を行ないながら、医師―看護人―患者という制度的に結ばれた三者の関係を従来の枠組みから解き放ち、そこに新たな社会変革モデルを見出そうという試みのなかから着想した「横断性」という概念は、その後ガタリのより広範な社会革命のための中心的モチーフとして豊富化されていく。そういった理論的実践の七〇年代における到達点のひとつが、ほかでもないガタリの主著『分子革命――欲望社会のミクロ分析』(Félix Guattari, *La révolution moléculaire*, Éd. Recherhes, 1977. 杉村昌昭訳、法政大学出版局、一九八八年)に結晶している。要約的に言うなら、「横断性」といういささか抽象的な概念装置を、社会的現実のなかで具象化し、運動理論として確立しようとした過程が、『分子革命』に体現されているということである。

このように、「横断性」という概念は、ラボルド精神病院の実践のなかからガタリが着想したものだが、ガタリはこれを社会的コミュニケーションの次元に転移して、社会変革のための作動因に仕立て上げようとした。ここがガタリ思想の理解にとってもっとも重要な環なのだが、この概念が、その起源において、そもそもどのような性格のコンセプトとして案出されたものか、その当初の姿形をあらかじめ知っておくと、ガタリの思想を理解するうえで有益ではないかと思われる。ここでは、一九六四年にガタリが書いた、文字通り「横断性」(« La transversalité »)と題された論文から、そのエッセンスを抽出して参考に供しておきたい(この論文は、もともと一九六四年九月にパリで開かれた第一回サイコドラマ国際大会に提出されたレポートである。なお、この論文を含む一九五〇—六〇年代のガタリの諸論文の集成は、ジル・ドゥルーズの序文を付して一九七二年に刊行されている。Félix Guattari, *Psychanalyse et transversalité : Essais d'analyse institutionnelle*, François Maspero, 1972.『精神分析と横断性——制度分析の試み』杉村昌昭・毬藻充訳、法政大学出版局、一九九四年)。

「横断性というのは、純粋な垂直性と単純な水平性という二つの袋小路を乗り越えようとする次元である。それは、さまざまなレヴェルのあいだで、とりわけさまざまな異なった方向で最大限のコミュニケーションが実行されるとき、現実のものとなっていく。〔……〕ある制度のなかにおける横断性のレヴェルの強化によって、集団のなかに新しい種類の対話を確立することができる。たとえば、錯乱とか、病者がそれまで孤立的に閉じ込もっていた無意識的な自己表示などが、ある集団的な表現様式に達することが可能になる。〔……〕集団のなかにおける横断性は、ピラミッド型の階層秩序化を生みだす構造、あるいはメッセージを不毛にする伝達様式を生みだしたりする構造に対立すると同時に、それらを補足することもある次元である。横断性は集団の無意識的主体の存在する場所であり、その主体をつくりだす客観的諸法則を超えた彼岸にあり、集団の欲望の支柱にほかならない」。

ここに明らかなように、「横断性」という概念は、政治的次元に置き換えたとき、一義的に反体制＝革命の原動力として想定されているのではなく、つねに権力と反権力の相反するヴェクトルを含み持つ両義的な場として想定されているのであり、それがどちらのヴェクトルに向かうかは、ひとえに無意識的欲望の質いかんにかかっているということである。平たく言えば、純然たる垂直関係と水平関係を臨界とした社会的人間関係の座標のなかに、いかなる欲望を負荷した横断的斜線を浮上させることが可能か、これが社会的諸関係の変革の鍵を握っているということである。そして、その場合、権力による上からの「横断性」の圧力に与するのではなく、あくまでも抑圧された集団的無意識の主体化を求めながら、下から権力や制度に向かって横断性のフィールドを拡張していくこと、これがのちに『分子革命』に結晶するガタリの革命思想の導きの糸にほかならない。

　ガタリは『分子革命』の巻頭に置かれたインタヴュー（「フェティシズムの終焉」）のなかで、旧来の精神分析の抑圧性を批判しながら次のように述べている。「私たちはスキゾ分析を欲望の生産のあらゆる「戦線」における政治闘争だと考えています。ただひとつの領域に集中するというわけにはいきません。分析の問題は革命運動の問題なのです。そして革命運動の問題は狂気の問題であり、狂気の問題は芸術的創造の問題であり……等々といったしだいなのです。横断性というのは、まさしくこのような「戦線」の越境性《ノマディスム》を言い表すものにほかなりません。無意識というのは、まずもって社会的な動的編成《アジャンスマン》であり、潜在的な集合的言表行為の動的編成なのです。言表のなかで、何があなたに帰着し、また何が私に帰着するかということが分離するのは、その次の段階でしかないのです。無意識は言表の私的所有も欲望の私的所有もともに知らないのです。〔……〕精神分析がその概念を再編し直して、それをいくら言語学的、論理学的、人類学的なふるいにかけても無駄なのであって、精神分析は家族主義や資本主義という出自に規定された領分から絶対に出られないのです。精神分析は資本主義にとって万が一のときの宗教の役目を担うのです。その役割は、抑圧の整備をして、抑圧を「個人問題化《ペルソナリゼ》」することにほかならないのです」。

この激烈な精神分析批判の背景には、フランスにおける一九六〇年代から七〇年代にかけての精神分析（とくにラカン派）の大流行、そしてその体制秩序の安全弁的機能の露呈という事態が存在する。しかし、同時に、ガタリが精神分析の内在的批判を展開していたこの時代には、とりわけ六八年五月革命に刺激を受けたさまざまなミクロな反権力運動が、フランスにとどまらず、ヨーロッパのあちこちで発生していたことも念頭に置かねばならない。たとえばイタリアでは、既成の政党の枠組みをはるかに超え出た新しい大衆運動が盛り上がっていた。自由ラジオ放送など新たなコミュニケーション＝プロパガンダ装置を利用した、このアウトノミア（自立自治）運動にガタリはいち早く感応し、そこに横断性から分子的運動にいたる自らの革命理念のモデル的ケースを垣間見た。『分子革命』のなかには、そういった七〇年代ヨーロッパの権力と反権力のせめぎあいの様相、横断性や分子的運動の現実の姿が、熱い息吹とともに形象化されている。

しかし、イタリアを中心としたこの一九七〇年代ヨーロッパの熱い夏もやがて終息し、ガタリが「冬の時代」と名づける八〇年代がやってくる。八一年、社会党のミッテラン政権の誕生に歓喜し、期待したのも束の間、ガタリは時たたずして新自由主義的路線にシフトしていったこの政権の「右傾化」に絶望感を深め、新たな闘争への探求に沈潜していく。新自由主義的グローバリゼーションが本格的に助走を開始した時期に、それに対する対抗の戦略を構想していたのである。時あたかもエコロジー運動が隆盛してきた時期でもあった。ガタリはこの運動に旧来の左翼運動にはない可能性の芽を見てとり、積極的に関与していく。

一九八九年三月、ガタリが短期間来日した折、浅田彰・市田良彦両氏の仲介で、私は京都で何人かの友人と彼を囲むセミナーに参加する機会に恵まれたが、そのときガタリは、個と集団の本源的自立化作用をうながす基底概念としての「特異性（singularité）」の重要性を強調するとともに、新たな社会編成理念として「エコゾフィー」（エコロジーとフィロゾフィーの合成語）という考え方の可能性について示唆した。そして、まさしくこのエコゾフィーという発想の中身を具体的に展開したブックレットが同年五月に出版されたが、それがほかならぬ本書である。したがって、『三つのエコロジー』と題されたこの「エコゾフィー論」が、五月革命からおよそ二十年後に（そして今からおよそ二十年前に）ガタリが到達した世界変革へ向けてのマニフェストであると考えてさしつかえないだろう。ここには、ガタリの先見性に満ちた識見をふんだんに見出すことができる。そして、全編があたかもつい最近書かれたかのようなリアルな香りを放っているが、それは裏返して言えば、この二十年間、エコロジー状況にほとんど変化がなかったことの証しでもあろう。

ガタリは従来のエコロジー運動の主題が、いわゆる「環境問題」（自然環境を中心とした）に限定されてきたことに疑問と不満を感じるとともに、何よりもそれだけでは現代世界の全面的危機に対処しえないとして、環境のエコロジーに、これと同じ比重で、社会のエコロジーと精神のエコロジーを節合しようとする。エコゾフィーというのは、この三つのエコロジーを結び合わせる導きの糸、いわば横断的な哲学的実践概念と考えていいだろう。まさに異色の哲学者・精神分析医として、長年社会領域と精神領域の横断的節合を実践してきたガタリらしい着想であり、この点が、エコロジーの問題をあくまでも自然をめぐる科学的領域と政治経済学的領域に分節化しながら追究しようとしたゴルツとの基本的な相違と言えるだろう。ところで、社会的エコロジーと言った場合の「社会」とは「社会的諸関係」に、また精神的エコロジーと言った場合の「精神」とは「人間の主観性」に置き換えることが可能だが、環境のエコロジーはさておいて、この新たに付加された二つのエコロジーあるいはその昇華概念としてのエコゾフィーについて、本書でガタリ自身が行なっている説明に耳を傾けてみよう。

「社会的エコゾフィーは、夫婦や恋人のあいだ、家族のなか、あるいは都市生活や労働の場などにおける人間の存在の仕方を変革したり再創造したりする、特別の実践を発展させるところに成り立つ。むろん、人口密度がもっと稀薄なうえ、社会的諸関係も今日より

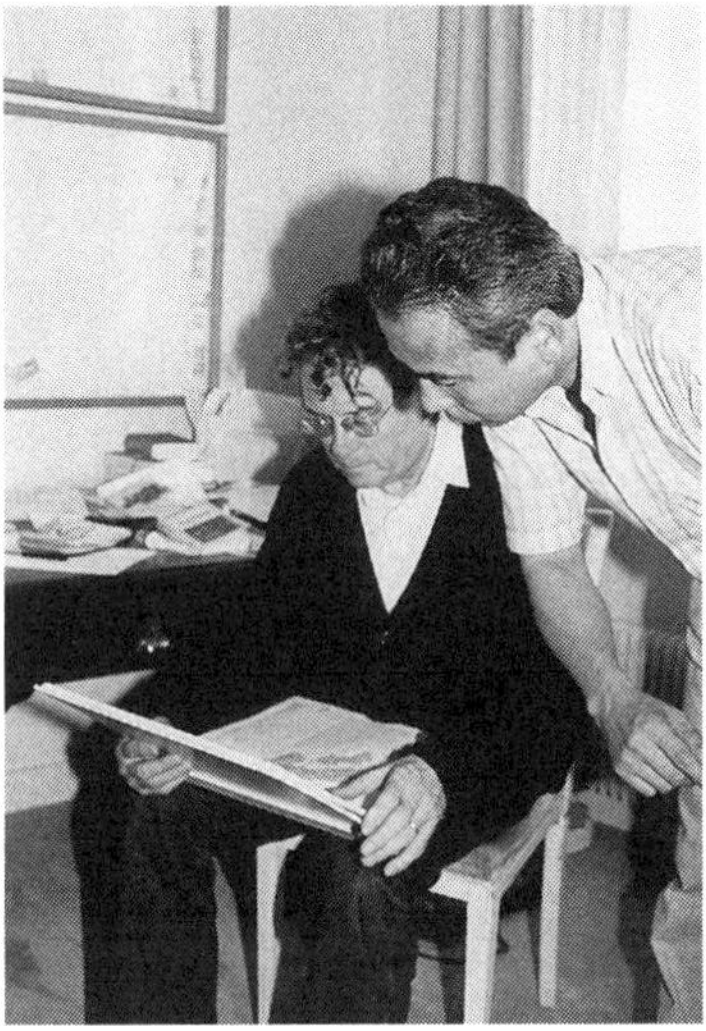

ガタリと訳者，1991年８月パリのガタリ宅にて

簡略であった前時代の古い生存形態にもどるなどということは考えられない。しかし集団的生存様式を文字通り再構築する必要にせまられているのである。しかも、それを単に「情報伝達装置」の介入作用によってではなく、人間の主観性の本質にかかわる実在的変化によって遂行しなければならない。そしてこの領域では、単に一般的志向にとどまっているのではなくて、ミクロ社会的レヴェルにおいても、また大規模な制度的レヴェルにおいても、実効性のある野心的実践を実行にうつさねばならないのである。他方、精神的エコゾフィーの方は、身体や幻想、過ぎゆく時間、生と死の「神秘」などに対する主体《シュジェ》の関係を再創造する方向にむかわなければならない。それはマスメディアや情報通信の画一化傾向、広告や各種の調査による世論操作などに対する解毒剤の役目をになわなければなるまい。精神的エコゾフィーの実行方法は、古ぼけた科学的学問性の理念にあいもかわらず取りつかれている「心理学《プシ》」の専門家の方法よりも、一般に芸術家のとる方法にはるかに近いものとなるだろう」。

以上の引用からも推察されるように、ガタリは現代世界の危機的現象を社会的存在としての人間の外的・内的条件を貫く横断的性格のものととらえているのであり、それに対応する横断的処方箋として、旧来のエコロジーの概念を社会や精神に転移・拡張しつつエコゾフィーという新概念を提起し、新たな社会編成のモデルを構築しようとしているのである。そこには、「横断性」という概念の提唱以降、ガタリが一貫して注目してきた、人と人とのあいだ、あるいは異質の諸社会や諸領域が無意識的レヴェルで交錯する不透明な心身的空間を、新たな社会的主観性の創造的生成空間として編み直そうという熱い志が脈打っている。

ところで、「自然環境」、「社会環境」、「精神環境」の節合にくわえて、ガタリがエコロジー思想のなかに持ち込もうとしたもうひとつの領域がある。すなわち、本書のなかでも、随所でそれとなく言及されている「情報環境」の問題である。マスメディアによる社会の画一化作用、精神の擬似的鎮静化作用を、ガタリは批判してやまなかった。しかし、メディアの機能の背後にあるテクノロジーの変容に関しては、これを権力による支配の道具として否定的にのみとらえるのではなくて、そこに新たな社会的コミュニケーションの道具としての建設的可能性を見ようともしていた。このいわば「機械化された自然」とでも言うべき情報テクノロジーと社会や精神との関係態（これは現代的な「幻想のエコロジー」とも深くかかわる）は、ガタリが突然の死による中断のために本格的に論じきれなかったエコロジー領域であるが、昨今の政治的・文化的状況にマスメディアが深くからんでいること（それは本書のエピグラフ「雑草にもエコロジーがあるように、有害な思想のエコロジーというものもある」をほうふつとさせる）を考えれば、いまやますます重要な課題になりつつあると言っていいだろう。

他方、『三つのエコロジー』は、かつてドゥルーズとともに、フロイトの「無意識」の概念を批判的に捉え直しながら、これに取って代えて「リゾーム」という独自のキーコンセプトを編み出したガタリが、そのリゾームの概念を社会的領野に実践的に適用しようとした試みであるとも言える。実際、一種の「地下茎」を意味する植物学の用語から借用したリゾームという言葉は、そのイメージにおいて、一方でフロイトの「無意識」と共示的に響きあいながら、他方で、あらゆる組織はその下部機構のどこからでも、偶発的に新しい芽が吹き、根茎が伸び、他の根茎と交わり絡み合うといった建設的な社会的ニュアンスをも喚起する。そう考えれば、リゾームは横断性の言い換えとも言えるだろう。少なくともリゾームと横断性が相互に保証しあう概念であることはまちがいない。これをさらに発展させれば、異質の諸要素の横断的あるいはリゾーム的な結びつきによる新たな「実在の領土」の創出という、ガタリが本書で三つのエコロジーの節合を通して展望している未踏の世界が垣間見えてくる。

ともあれ、本書は、むろんガタリ単独の書物ではあるが、彼がドゥルーズとの共同作業から得た成果も陰に陽に鏤められている。フロイトのみならず、プルーストやカフカなどへの言及を見ても、それは明らかと言えるだろう。一見、エコロジーという当時の流行思想に唐突に割り込んでいったように見えながら、実は、ガタリの三十年にわたる思索活動のエッセンスが凝縮的に鋳込まれているといっても過言ではない著作なのである。しかし、思想表現だけにとどまっていたのでは、ガタリらしくない。思想と運動実践との横断がガタリの真骨頂でもある。ましてや、エコロジーは、思想としてよりも、まず運動として人々のあいだに広まっていった経緯がある。ガタリのエコロジー運動との具体的なかかわりについても少しはふれておかねばなるまい。

フランスでは、エコロジー運動は、現在はもっぱら緑の党に体現されているが、一九八〇年代半ばから後半にかけて「ジェネラシオン・エコロジー」という若者を中心とした大衆運動によっても広まりをみせた。しかし、八〇年代末にはこの二つの運動は、その組織方針や獲得目標において対立関係が深まり、互いに排他的な状態に陥っていた。そのなかで、ガタリはこの二つの運動の双方に影響力を行使しうる稀有な存在だった。彼は一九九二年八月の死の直前の七月、この二つのエコロジー潮流の対立を憂えて、十一月中旬に開かれる予定の緑の党の総会に向けて、ある指針テクストを書き下ろした。これはガタリの死の直後、『リベラシオン』紙（九月四日号）に「新しいエコロジー民主主義に向かって」という見出しで掲載されたが、そのなかでガタリは、緑の党のセクト主義的な硬直性を批判するとともに、「ジェネラシオン・エコロジー」のマスメディアを利用した皮相な運動スタイルをも批判している。そして、エコロジー運動は、地域レヴェルの課題と地球規模の問題が連動していることを深く認識するとともに、伝統的な政治的諸組織とはまったく異なった実践を発動しなければならないと力説している。その結びはこうだ。

「これらの運動〔エコロジー運動の諸潮流〕の内部に存在する活性的構成分子が相互に組織化しあい、連合的運動として結合しながら、政治的エコロジー運動の全体的構成を準備していくことがどうしても必要だと思われる。この未来の運動は優れて複数主義的なものであると同時に、多様な基底の集団に依拠して深く社会に根づいたものでなければならない。この運動は女性解放にかかわるすべての問題に本源的な重要性を付与するものでなくてはならない。この運動は相互的寛容と共生の精神を発展させ、都市的生活領域における社会的、文化的、研究的なあらゆる率先的くわだて、また教育、健康、代替メディアなどにかかわるすべての新しい試みを受け入れ、支える場とならねばならない。この運動はまた、フランスの状況に見合った組織活動の「再創造」、すなわち失業者、周辺に追いやられた人々、地域生活などに密接にかかわる組合運動の創出にも関心を払わねばならない。エコロジー思想が世論のなかで単なる表面的な流行とは別のものになるためには、あらゆる実践的領域において集団的な「行動への移行」が始まることが不可欠の条件である。要するに、知性、連帯、協議、責任倫理の同義語にほかならない新しいエコロジー民主主義の出現をうながすように働きかけねばならないのである」。

晩年、エコロジー運動に夢を託した理想主義者の戯言と言うなかれ。ここには、エコロジーの問題を単なる「環境保護」の問題に限定しないで、社会生活のすべてにかかわる問題へと拡張し、エコロジー思想を全方位的に豊富化しようとしたガタリの強い思いが宿っている。ここに書かれていることは、いわゆるエコロジー運動にとどまらない社会変革のためのさまざまな運動の指針として、時代と場所を超えて今もなおその「賞味期限」はきれていないと言うべきだろう。そしてまた、ここには、なによりも思想と運動をつなぐガタリ流の「横断性」を感受することができる。これは、ガタリにとって、思想と運動が別ものではなかった証拠でもあるだろう。

3　主観性とは何か

さて、本書には、一九八九年五月に刊行された『三つのエコロジー』以外に、同年十一月に大阪で行なわれた講演と、九二年一月に沖縄で行なわれた講演も収録してある。ともに、私がガタリの通訳をつとめた講演である。今、この原稿を書きながら、そのときのことがなつかしく思い出されるのだが、それはさておいて、ここでどうしてもふれておかねばならないことがある。読者の方はお気づきになられたと思うが、『三つのエコロジー』

を含め、この二つの講演のなかにも、「主観性」という言葉が頻出する。これはフランス語の《subjectivité》（英語のsubjectivity）の訳語で、ガタリ晩年の思想のキーワードである。この概念のガタリ的使用法について少し説明しておかねばならない。

日本では、この《subjectivité =subjectivity》の訳語として、一般に「主体性」という言葉の方が優勢で、「主観」というと「客観」に対してなにか非科学的な個人的信念というような意味合いで使われることが多いが、仮にそのニュアンスを認めるとしても、ちょっと突っ込んで考えてみれば、「主観性」なきところに「主体性」は生じないのであって、良くも悪くも「主観性」という訳語の方が原語の根源的な「含み」をよく体現していると言えるだろう。しかも、日本語で「主体」に性をつけて「主体性」と言うと、すでに価値評価を含んだ意味合いをおびる。つまり、「主体性」があるのがプラス価値、ないのがマイナス価値であるというわけだ。これは「主体性」という言葉が「主体としての性質・性格・性向」といったようなニュートラルなニュアンスではなくて、「自分の意志で判断し行動する態度」を指す「自主性」とか「能動性」という意味合いで広く定着してきたからであろう。それに対して「主観性」の方は、人がこれを好むと好まざるとにかかわらず内包しているもので、いわばその存在自体に価値評価が付加されていない一種のアプリオリな大前提とみなすことができる。ガタリが問題にしようとしているのは、まさにこのような「根源的存在」としての「主観性」のあり方、つくられ方、その機能様態にほかならないと言えるだろう。この二つの訳語の日本語における使用法を念頭に置きながら、海の様態にたとえて言うなら、「主観性」とは広い海原のようなもので、それに対して「主体性」とはそこに生じる波やうねりのようなものだという比喩が可能かもしれない。しかも、「主観性」が生成するフィールドは個人のみならず集団でもあり、さらには個人と集団を貫く横断的次元でもあるというのが、ガタリの主張である。

ガタリの《subjectivité》の定義は、イデオロギーや上部構造といった旧来の概念との差別化を基本とするが、その機微を精密に解説しようと思ったら、かなり複雑なことになるので、ここでは簡略に図式化し、あとは本文の文脈のなかで、読者の方々に自由に読み取ってもらいたいと思う。

「主観性」を個人に引き戻してみた場合でも、その形成のされ方は一筋縄ではいかない。ガタリは、人間の「主観性の生産」(これによって「主体」は「主体化」する)を、三つの様態が交錯する複合的過程としてとらえている。すなわち――、

(1) 人々の身体や精神を外部からの直接的強制によって限定し支配する権力の様態

(2) 経済的・技術的・科学的なプログラムに人々が内面から適合していく知の様態

(3) 人々が自らの座標系を打ち立てようとする自己参照的な生成変化による自己創出の

様態
つまり、「主観性」は、いわば工業製品のように造形され、受容され、消費されると同時に、一人一人（あるいは個々の集団）が自ら特異的に創造することもできる根源的な存在の混成体として想定されているのである。ガタリ自身は、かつて自著（『分子革命』の英語版）につけた用語解説で、「主観性」の生産について、次のように簡潔に定義している。「主観性とは、即自的なものでもなければ、一定不変のものでもない。あれこれの主観性は、ある言表行為の動的編成がそれを生産するかしないかに応じて存在するのである（例を挙げるなら、近代資本主義は、メディアや集合的装備（施設）を使って、新しいタイプの主観性を大規模に生産する）。したがって、個人化された主観性の背後に、現実的な主観化（主体化）の過程がどうなっているかということを見極める努力をしなければならない」。
他方、ガタリは、一九八五年に行なわれたある対話（*Pratique de l'institutionnel et politique*, Éd. Matrice に収録。『精神の管理社会をどう超えるか？――制度論的精神療法の現場から』杉村昌昭他編訳、松籟社、二〇〇〇年）のなかで、ドゥルーズとの共同作業が、「前人称（前個人）的――人格とか個人という統合性の手前にある――で、超人称（超個人）的な――すなわち集団的現象あるいは社会的現象としての――主観性の機能をめぐる問題提起であった」と述べたあと、さらに次のようにつけくわえている。「私が差し迫った課題だと思ったのは、要するに、フロイトとマルクスのなかにある最良の遺産――すなわち主観性の構成体は個人というひとつの「仕切られたもの」と符合するものではない、符合することはできないし符合するべきものでもない、という考え――を把握し直すことであった。主観性というのは、少なくとも、他者、もうひとつの自我（オルター・エゴ）、父親、母親、家族、カースト的諸関係、階級闘争といったようなものとの複雑な関係のなかで、いわば社会的相互作用の全次元にわたってしつらえられるものだということである」。

これでおわかりいただけたと思うが、ガタリにとって、主観性（の生産）の問題は、横断性や分子革命の問題と並んで、一貫して彼の思想遍歴を貫いてきた主要テーマだったのである。そして、それが晩年の「三つのエコロジー」の実践的展開の鍵を握る概念として、改めて本書のなかに変革への導きの糸として織り込まれているということである。

4　用語解説

さて、ここで解説をくわえたこれらのガタリの思想を解読するためのキーコンセプト以外にも、本書のなかには、ガタリが（あるいはガタリがドゥルーズとともに）創出した独特の概念が鏤められている。私は、本書にかぎらず、一般にガタリのテクストの翻訳にあたっては、それらの概念をなるべく文脈に溶かし込むように訳語や言い回しの工夫をしてきたので、そのまま読んでいただいても文意は十分通じるのではないかと思うが、より厳密にそれらの概念の内容を知りたいと考える読者のために、以下、主だった概念用語の定義を(十一項目にしぼって)掲げておきたい。これらの概念の定義は、おおむね、ガタリ自身が、先に挙げた『分子革命』の英語版のために作成したものにのっとっている(鍵括弧でくくったなかの文章は、ガタリ自身の説明である)。なお、取り上げる概念の順序は無作為である。

(1)「動的編成」——これは《agencement》の訳語であるが、通常ドゥルーズ/ガタリのテクストの翻訳では「アレンジメント」と訳されているもので、私はかつては「配備」と訳していたが、最近は「動的編成」と訳すことにしている。ガタリによれば、「構造、システム、フォルム、過程などよりも幅広い概念」である。「生物学的、社会的、機械的、認識形而上学的、想像的といった、さまざまな次元からなる異種混交的な構成要素」の組み合わせで作動する。

(2)「機械」(machine)——「機械と仕掛け《メカニック》は区別しよう。仕掛けは、どちらかと言うと、それ自体の内部に自閉していて、外部の流れとの関係は完全にコード化されたものでしかない。逆に、機械は、その歴史的変化のなかでながめてみると、生物種の門《フィロム》に匹敵するほどのカテゴリーをなしている。機械は相互に産出しあい、選択しあい、排除しあい、新たな可能性の線を現出させる。広義の機械——つまり単に技術的機械だけでなく、理論的、社会的、審美的等々の機械——は決して孤立的でなく、集合的、動的編成的に機能する。たとえば、ひとつの技術的機械は、工場のなかで、社会的機械、教育的機械、研究的機械、商学的機械などと相互作用を行なう」。

(3) 流れ(flux)——「物質的・記号的な流れは、主体や対象に先立つものである。したがって、欲望も流れの経済も、最初は主観的でもなければ表象的でもない」。ドゥルーズ／ガタリは、この「流れ」の概念を、生物学で動物を分類する「Phylum＝フィロム＝門」という概念にも節合しているので、フィロムは「系統流」と訳してもよい。また、これはドゥルーズ／ガタリの「機械」の概念とも共鳴するものである。

(4)「過程」(processus)——「ある行為や操作が、別の行為や操作を次から次へと連続的に生起させていくこと。過程は安定した均衡との永続的な切断というイデーをともなう」。プロセスという英語の言葉と同じ用語なので、そう訳してもいいのだが、本書では「過程」と訳した。なお、この語の形容詞 processuel は、文脈に応じて「自己成長的」と訳した。

(5)「主体集団」(groupe-sujet)——「主体集団は隷属集団に対置されるものである。この対置には、ミクロ政治学的な含意がある。主体集団は、外的規定力との関係ならびに自らの内的法則との関係を、可能なかぎり管理することを使命とする。それに対して、隷属集団は、あらゆる外的規定力によって操られると同時に、自らの内的法則によっても支配される傾向性を持つ」。

(6)「集合的言表行為」(énonciation collective) ——「言語が本質的に社会的なものであるにもかかわらず、言表行為の言語理論は、一般に言語的生産の中心を個人化された主体にすえつける。したがって、言表行為の個人化された審級を超え出て、言表行為の集合的な動的編成とは何かということを明らかにしなければならない。この場合、集合的の謂は、単に社会集団といったような意味ではなくて、同時に、技術的対象、物質的・エネルギー的な流れ、非身体的実体、数学的あるいは審美的な理念といった多様な集合体を含み込んだものである」。

(7)「分裂症《スキゾ》分析」(schizo-analyse) ——「Schize(スキーズ)というのは、単にある過程の中断ではなくて、過程の分岐路を含んだ断絶のシステムである。したがって、スキーズは、それ自体のなかに新たな可能性の資本を持っている。精神分析が神経症《ネブローズ》の研究に依拠した心理モデルから出発し、人格と自己同一化の軸にそって展開され、転移と解釈にのっとって作業しているのに対して、スキゾ分析は、むしろ精神病《プシコーズ》についての研究から着想を得たもので、欲望を個人現象学的《ペルソノロジック》なシステムに引きおろすことを拒否し、転移や解釈のいっさいの効果を否定する」。

(8)「図表的《ダイアグラム》」(diagrammatique) ——図像《イコン》と対照的に、自己同一化に陥ることなく、脱領土化しながら、特異的な分岐を遂げていく自己成長的な過程の動きのこと。

(9)「分子的/モル的」(moléculaire/molaire) ——「流れや地層や動的編成のなかに存在するさまざまな同一の要素は、モル的様式あるいは分子的様式にもとづいて組織されることが可能である。モル的秩序は、対象、主体、表象ならびにそれらの基準システムを限定する地層化に対応する。それに対して、分子的秩序は、流れと生成、局面の移行、強度といったものに関係している。さまざまな種類の動的編成によって作動するこうした地層や次元の分子的相互浸透は「横断性」と呼ばれる」。

(10) リゾーム (rhizome) ——「樹形的なダイアグラムは、ひとつの中心点を起点として、連続的なヒエラルキーをなし、それぞれの末端的要素は、この中心点に引き戻されるようになっている。それに対して、リゾーム状あるいは網状のシステムは、際限なく漂い出て、中心に引き戻したり囲い込んだりできないさまざまな横断的連結をつくりだすことができる。リゾームという用語は植物学から借用したもので、本来は、その下位部分で不定芽や不定根を発する多年生植物の地下茎のシステムのことを指す」。

(11)「領土/脱領土化/再領土化」(territorialité/déterritorialisation/reterritorialisation)

――「領土とは、民族学や民族学者の用法からはみだした、きわめて広い意味で使っている。領土は、ある主体が「わが家のように居心地よく」感じる体験的な空間とか、そのように知覚されたシステムに関係したものでありうる。領土は摂取（領有）とか自閉的な主観化（主体化）の同義語である。領土は脱領土化しうる。すなわち、自らの内部を開き、漏出線（逃走線）に踏み込み、境界が崩れ、自壊することもありうる。再領土化とは、脱領土化の過程に入った領土を再構成するくわだてからなる。資本主義は再領土化のシステムの好例である。つまり、資本家階級は、生産や社会的諸関係の次元で絶えず脱領土化の過程に「追いつこう」と試みる。資本主義は、そういうふうにして、社会を加工するすべての過程的欲動（あるいは、私が機械と呼ぶもの）を統御しようとする」。

二〇〇八年五月

杉村昌昭

（付記）本書は、一九九一年に大村書店から初版が刊行されたものだが、今回の平凡社ライブラリー版刊行にあたって、訳文に若干の修正と訳注（割注で示した）を施すとともに、「訳者あとがき」を大幅に書き改めた。

解説――全人類の課題

マサオ・ミヨシ

現代社会において、環境危機が人類の直面する最大の問題であることは疑いようもないだろう。ただし、アメリカ合衆国や日本の政府はもちろん、環境にもっとも関心を持つはずのヨーロッパの人々のあいだでも、この危機を最優先の解決課題としている人はけっして多くはない。政治家や教育者でさえも、これを中心的な問題と考えていないのである。こうした圧倒的多数の無関心な人たちをいまさらここで説得できるとは思わないが、まずは、ＩＰＣＣ（気候変動に関する政府間パネル）の二〇〇七年版第四報告書をインターネットで短時間でもご覧になることをお勧めしたい。

環境問題は自然のなかだけで起こるのではなく、政治経済上の人間関係もその大きな原因となる。これは本書、フェリックス・ガタリの『三つのエコロジー』の核心のひとつだが、英語圏では、イギリスのデイヴィッド・ハーヴェイの『正義、自然、相違の地理学』(David Harvey, *Justice, Nature, and the Geography of Difference*, Cambridge, Mass.: Blackwell

Publishers, 1996）やアメリカのジョン・ベラミー・フォスターの『資本主義に対するエコロジー』（John Ballamy Foster, *Ecology Against Capitalism*, New York : Monthly Review Press, 2002）が説いているところでもある。彼らのあいだで一貫している思想の要点を、私自身の観点からここで考えてみたい。

環境危機が始まったのは一九六〇年代などではなく、それよりも遥か以前、十九世紀の産業革命期にはすでに熾烈を極めていた。つまり、近代以前のローカルな生産体系において、すでに環境破壊は広がっていたのだ。破壊されるのはもちろん「自然」だけではない。それは、人間の社会——政治経済的関係——と密接につながっている。コロンブスがアメリカ大陸を「発見」し、先住民の大半を殺戮し、土地や産物や家畜を略奪、その後はアフリカ大陸から何百万人もの奴隷を連れてきて、砂糖、綿花を栽培し、それをヨーロッパへ送って莫大な利益をあげていた十六世紀から十八世紀には、すでに大地の荒廃は始まっていたのだ。人権侵害の進行、経済格差の拡大、つまり資本主義が膨張すると同時に、「三つのエコロジー」の破壊が進んでいったといえるだろう。

十九世紀の産業革命は、石炭使用の蒸気エンジンによって効率を向上させた汽船と汽車によって運輸・交通を改善し、また同時に生産力を激増させることで、国内ばかりでなく世界的にも貧富の格差を広げた。十九世紀の初めには、西洋の富は、いまでいう第三世界の二倍ないし三倍でしかなかったが、十九世紀から二十世紀を通じて格差は広がるばかりで、いまでは四百倍、あるいはそれ以上になっている。

他方、十九世紀における自然環境の崩壊は、ロマン主義の詩人や小説家が作品に描いたように、大都市が発展し、工場が乱立し、それと同時に「田園」が消失していった過程であった。河川・海洋・地下水汚染、森林伐採、スラムとスモッグに窒息寸前の都市、さまざまな動植物種の減少、北極・南極の氷河の溶解——こうした自然環境の破壊が、石油の発見によって爆発的に激化していったことはいうまでもない。

CO_2等の温室効果ガスの排出が気候温暖化の主原因となり、環境危機を引き起こしていることを否定する人は、いまではいないだろう。しかし、ここで考える必要があるのは、二十世紀の初めになぜ自動車文明——個人が自己の所有する自動車を運転する社会——が公共交通機関に取って代わったのかということだ。個人主義が個人運転手を必要としていたのだろうか。真の理由はもっと根深いものであるだろう。

資本主義の拡大には、購買力を持つ消費者の増加が不可欠である。しかし労働者に低賃金を強いて、資本はつねに利益を増やす必要がある。貧富の差の増大と市場拡大の要請とのあいだにある矛盾、これこそが資本主義にとっての本質的な問題なのである。したがって、歴史を通じて明らかになったように、資本主義経済のなかでは、好景気は例外的な状態であり、たいていは長続きしない。反面、景気の低迷は長く続くのである。つねにモデルチェンジを繰り返し、道路をたえず延長し、燃料を巨大な規模で消費する自動車文明は、百年前の資本主義経済の大計画であったといえる。とりわけ世界の人口が急増する現代(一九五〇年に二十五億だった人口は、六十年後の今日、その二倍以上の六十八億を超えている)、一人一台の自動車が中国、インドを含めて世界中に広がるとなれば、資本主義の拡大は確実だが、人類が温室効果ガスから逃れることは不可能になるだろう。

自動車文明に加えて、資本と利益拡大に不可欠なモメントは戦争である。一九二九年の世界恐慌とその後の不況からアメリカ経済が立ち直ったのは、いうまでもなく第二次世界大戦のおかげである。戦争中には、それまで二桁だった失業率は一パーセントにまで下がった。しかし、終戦とともにふたたび失業者が増え始め、その対策がまずヨーロッパの市場再建に尽くしたマーシャル・プランであった。次に、冷戦、朝鮮戦争、ヴェトナム戦争、それに中東戦争と相次いで起こった戦争が、生産と消費の矛盾解決に役立ったことはいうまでもない。もちろん、この相次ぐ戦争は無数の非戦闘員と軍人を殺戮し、自然を破壊し、資源を空費したばかりではなく、巨大な規模の破壊を目的とした原子爆弾やミサイルやジェット機等を導入した。戦争で巨額の利益を得るのは、無論少数の資本家に限られる。こうした背景を考慮しないかぎり、いまなお続いているイラク戦争の本当の原因はわからないままであろう。

しかし、軍需産業が平和産業に貢献するところがないわけではない。原子力発電、インターネット技術、宇宙開発、ジャンボ旅客機、抗生物質薬品の発明、無線電話、等々、多くの軍事技術が平和産業に応用されてきたことは否定できない。第二次大戦後、つまり一九四五年から七〇年までの二十五年間ほどは、アメリカでは繁栄が少数の資本家から裾野を広げ、労働者階級がもっとも裕福だった時代である。そして、歴史に前例のない消費文化社会を作り上げ、その消費欲は、経済が失速したいまでも衰えることがない。しかし、経済的にも社会的にも保守化の進んだ一九七〇年代以降は、富裕層の数は縮小の一途をたどり、ひじょうに低いレヴェルにまで落ち込んでいる。二〇〇三年の時点で、全人口のわずか一パーセントである最富裕層が全商工業社会の資本《コーポレート・ウェルス》の五七・五パーセントを所有し、アメリカ人の五分の一（二〇パーセント）を占める最貧層はその〇・六パーセントを所有するにすぎない（David Cay Johnston, "Corporate Wealth Share Rises for Top-Income Americans," *The New York Times*, 29 Jan. 2006）。この極端な経済的不均衡が、天然資源と人的資源にどれほど破壊的な影響をもたらしているか、けっして看過してはならないと思われる。

アメリカは京都議定書の批准国ではない。もちろん環境問題に関心を持つ人は増えているが、政府の政治経済制度は環境破壊や気候温暖化に無関心を決め込むか、もしくは問題を敵視しているかのいずれかと考えざるをえない。しかし、アメリカは世界最大の消費国であり、この国の社会・政治経済と全人類の環境問題とを切り離して考えることは不可能である。二〇〇八年に日本で開かれるG8のサミットにおいて二〇五〇年までに排ガス量を半減する規制案が可決される可能性はあるだろうか。そして、仮にそれが議決され、実行されたとしても、「時すでに遅し」と言う研究者は少なくない。たとえば、最近の洪水、台風、旱魃の頻発という異常気象は、地球温暖化以上に、人類滅亡への第一歩ではないと誰が否定できるだろうか。石油などの化石燃料から、再生・回復可能な代替燃料に変換する努力を本腰を据えて開始したところで、それが成功する可能性はいかほどあるのだろうか。とりわけ大資本がおのれの利益以外にはきわめて冷淡であるこの時代に……。

イギリスのロイヤル・ソサエティの会長であるマーティン・リーズは、『われわれの最後の時間』(Martin Rees, *Our Final Hour*, NY : Basic Books, 2004) という本を書いているが、そのなかで二十一世紀の終わりまでに人類が生き残る可能性は、五〇パーセントでしかないという。人類の滅亡はあとはただ時間の問題だという研究者さえ現れてきている。地球上の生物はすでに五回にわたって絶滅を経験してきたが、人類は六番目の滅亡を経験するのだろうか。人類に最期がくるとするなら、それはどのような形をとり、何を意味するのだろうか。そしてその断絶がくる前に、われわれ人類はどのように生きていくことができるのだろうか。こうした多くの疑問が次々と生まれてくるだろう。
　政治経済面における、途上国—先進国間の正義と平等の問題も、環境問題の一部として考えるべき課題のひとつであるが、その視野に立った解決のための組織的・総括的な試みがなされたことはいまだかつてない。そのためには、近代において学問の中心と考えられてきた人文学《ヒユーマニテイーズ》——実は西洋中心的な思考の産物であり、重要な問題の多くが取りこぼされてきた——を、資本主義システムを放棄しなければならないのと同様、別の総体的な観点に代替すべきではないだろうか。そのまったく新しい、すべての学問の中心になり根底にあるべき考え方こそ、エコロジー、とりわけフェリックス・ガタリが本書で述べているような、総体的な「エコゾフィー」であると思われる。『三つのエコロジー』は、全人類の直面する重大な危機を背景にして読まれるべきものであるだろう。

（カリフォルニア大学サンディエゴ校・モリ名誉教授）

平凡社ライブラリー 651

三《みっ》つのエコロジー

発行日…………2008年9月10日　初版第1刷
2024年9月10日　初版第3刷

著　者…………フェリックス・ガタリ
訳　者…………杉村昌昭
発行者…………下中順平
発行所…………株式会社平凡社
〒101-0051 東京都千代田区神田神保町3-29
電話 東京(03)3230-6579[編集]
東京(03)3230-6572[営業]
振替 00180-0-29639

印刷・製本 ……中央精版印刷株式会社
装幀……………中垣信夫

ISBN978-4-582-76651-6
NDC分類番号100
B6変型判(16.0cm)　総ページ182

平凡社ホームページ https://www.heibonsha.co.jp/
落丁・乱丁本のお取り替えは小社読者サービス係まで
直接お送りください(送料，小社負担)。

平凡社ライブラリー　既刊より

C・G・ユング……………………現在と未来――ユングの文明論
D・P・シュレーバー……………シュレーバー回想録――ある神経病者の手記
R・A・ニコルソン………………イスラムの神秘主義――スーフィズム入門
ミハイル・バフチン ……………小説の言葉――付：「小説の言葉の前史より」
G・W・F・ヘーゲル ……………精神現象学 上・下
G・W・F・ヘーゲル ……………キリスト教の精神とその運命
イマヌエル・カント ……………純粋理性批判 上・中・下
渡邊二郎 編 ………………………ニーチェ・セレクション
Th・W・アドルノ…………………不協和音――管理社会における音楽
Th・W・アドルノ…………………音楽社会学序説
E・パノフスキー ………………イデア――美と芸術の理論のために
ジョルジュ・バタイユ …………内的体験――無神学大全
ジョルジュ・バタイユ …………新訂増補 非-知――閉じざる思考
ピエール・クロソフスキー ……古代ローマの女たち――ある種の行動の祭祀的にして神話的な起源
種村季弘……………………………ザッヘル＝マゾッホの世界
水野忠夫……………………………新版 マヤコフスキイ・ノート
岡谷公二……………………………アンリ・ルソー 楽園の謎

岡田温司……………………もうひとつのルネサンス
J・バルトルシャイティス　……………幻想の中世Ⅰ・Ⅱ――ゴシック美術における古代と異国趣味
ジル・ドゥルーズ　………………スピノザ――実践の哲学
G・C・スピヴァク………………デリダ論――『グラマトロジーについて』英訳版序文
カール・ヤスパース　……………戦争の罪を問う
R・ヴィガースハウス　…………アドルノ入門
N・マルコム　……………………ウィトゲンシュタイン――天才哲学者の思い出
黒田　亘 編　……………………ウィトゲンシュタイン・セレクション
S・トゥールミン ほか　…………ウィトゲンシュタインのウィーン
ジョーン・W・スコット…………増補新版　ジェンダーと歴史学
T・イーグルトン　………………イデオロギーとは何か
エメ・セゼール　…………………帰郷ノート／植民地主義論
P・シャモワゾー ほか　…………クレオールとは何か
廣松　渉……………………………マルクスと歴史の現実
内山　節……………………………哲学の冒険――生きることの意味を探して
伊東俊太郎・広重徹・村上陽一郎……改訂新版　思想史のなかの科学
ポール・ヴィリリオ　……………戦争と映画――知覚の兵站術

ホルヘ・ルイス・ボルヘス……………エル・アレフ

F・ガルシーア・ロルカ………………ジプシー歌集

H・v・ホーフマンスタール…………詩集・拾遺詩集

ジュール・ラフォルグ　………………聖母なる月のまねび（他）

アンリ・ド・レニエ……………………水都幻談

沓掛良彦 編訳…………………………ピエリアの薔薇——ギリシア詞華集選

W・ブレイク　…………………………ブレイク詩集［無心の歌、経験の歌、天国と地獄との結婚］

A・ブローク　…………………………薔薇と十字架